Nördlicher Sternenhimmel

Hier das Beispiel eines Geburts-horoskops – auch Radixhoroskop oder Kosmogramm genannt.

Inhalt

Astrologie und Astronomie

Die Astrologie ist zusammen mit der Astronomie eine der ältesten Wissenschaften der Menschheit. Sie entstand aus der Beobachtung des Himmels, des Laufes von Sonne, Mond und Planeten sowie der Jahreszeiten, was schon immer eine Faszination auf die Menschen ausübte.

Beginn der Sterndeutung

Die Planeten, vor allem die Himmelskörper Sonne und Mond, wurden als Götter angesehen und mit bestimmten Eigenschaften, Ereignissen, Kriegen, Katastrophen, fruchtbaren, unfruchtbaren Zeiten und anderen Phänomenen in Verbindung gebracht. Es war wichtig, die Erfahrungen, die auf Erden gemacht wurden, mit den Vorgängen am Himmel bestätigt zu finden.
Die Astrologie war über viele Jahrtausende der Astronomie gleichgestellt. Beide waren bemüht, immer wiederkehrende Ereignisse im Voraus zu erkennen, die richtigen Schlüsse daraus zu ziehen und die entsprechenden Maßnahmen zu ergreifen. Dies führte zu den ersten Aufzeichnungen der Planetenbahnen.

Um sich am Sternenhimmel besser orientieren zu können, entwickelten im Altertum bereits die Babylonier ein differenziertes System. Verschiedene Sterne wurden in Gruppierungen zusammengefasst und benannt. Diese so genannten Sternbilder (z. B. Großer Bär, Großer Wagen, Orion) sind weit entfernte Fixsterngruppen. Sie befinden sich außerhalb unseres Planetensystems und erwecken den Eindruck, als würden sie feststehen. Sie erhalten ihre besondere Bedeutung dadurch, dass sie den Hintergrund bilden für die Ekliptik, der scheinbaren Laufbahn der Sonne und aller Planeten um die Erde. Die zwölf Sternbilder, die regelmäßig von Sonne und Mond durchlaufen werden, wurden in zwölf Abschnitte zu je 30 Grad unterteilt.

Der Tierkreis

Jeder Abschnitt wurde nach dem Fixstern benannt, der den Hintergrund des jeweiligen Streckenabschnittes bildet. Wichtig ist, dass wir deutlich zwischen den Sternbildern (Tierkreissternbilder), den weit entfernten Fixsterngruppen und den Namen der Sternzeichen (Tierkreiszeichen) aus der Astrologie unterscheiden. Diese tragen zwar die Namen der Sternbilder, gemeint ist aber die astrologische Bezeichnung des Streckenabschnittes (30 Grad) der jährlichen Sonnenumlaufbahn.

Zwölf Monate – zwölf Tierkreiszeichen

Im Laufe eines Jahres wandert die Sonne – von der Erde aus gesehen – an der Ekliptikebene entlang und in jedem Monat bildet eines der zwölf Tiersternbilder den Hintergrund zu diesen Streckenabschnitten. Die uns bekanntesten sind die zwölf Tierkreissternbilder:

Widder	21. März – 20. April	♈
Stier	21. April – 21. Mai	♉
Zwillinge	22. Mai – 21. Juni	♊
Krebs	22. Juni – 22. Juli	♋
Löwe	23. Juli – 23. August	♌
Jungfrau	24. August – 23. September	♍
Waage	24. September – 23. Oktober	♎
Skorpion	24. Oktober – 22. November	♏
Schütze	23. November – 22. Dezember	♐
Steinbock	23. Dezember – 20. Januar	♑
Wassermann	21. Januar – 18. Februar	♒
Fische	19. Februar – 20. März	♓

Veränderung durch Präzession

Vor ca. 2000 Jahren deckten sich die Tierkreiszeichen nahezu mit den Sternbildern. Inzwischen jedoch sind aufgrund der so genannten Präzession Sternbild und Tierkreiszeichen nicht mehr identisch.

Die Präzession ist das langsame Vorrücken des Fixsternhimmels durch die Bewegung der Erdachse. Die Folge dieser langsamen, kreiselförmigen Bewegung bewirkt, dass sich der Frühlingspunkt innerhalb von 2160 Jahren an der Ekliptik um ein Tierkreiszeichen verschiebt. Dadurch wandern die Sternbilder alle 72 Jahre um ein Grad weiter. Also rückt der Sternenhimmel nach 2160 Jahren um die Länge eines Sternzeichens (30 Grad) nach vorne. Nach Ablauf des »Platonischen Weltjahres« (25 850 Jahre) ist der Fixsternhimmel so weit vorgerückt, dass Sternzeichen und Sternbilder – aus der Sicht der Erde – wieder hintereinander stehen.

Das Wassermannzeitalter

In der Astrologie beginnt ca. alle 2000 Jahre aufgrund der Präzession ein neues Zeitalter. Aus der Sicht der Astrologie ist damit eine grundlegende Änderung der Geisteshaltung der Menschen verbunden, die mit dem Charakter des jeweiligen Tierkreiszeichens übereinstimmt.
Typische Veränderungen finden vor allem statt
- im Wandel der religiösen Inhalte
- in den Stilmöglichkeiten der Kunst und
- in den veränderten materiellen Lebensbedingungen.

Da der Frühlingspunkt im 20. Jahrhundert in das Sternbild Wassermann gewandert ist, hat in der Astrologie ein neues Zeitalter begonnen, das Wassermannzeitalter. Das damit verbundene »New-Age-Gefühl«, der Wandel bisheriger Lebensstrukturen, die veränderte Einstellung gegenüber allen geistigen und materiellen Dingen ist bereits spür- und erkennbar.
Schlagworte für das Wassermannzeitalter:
- Der ganzheitliche Mensch im Einklang mit Körper, Geist und Seele
- Das Infragestellen und die Veränderung aller Werte, Strukturen Gegebenheiten des menschlichen Daseins
- Selbstverwirklichung
- Radikale Freiheitstendenzen im seelischen und sozialen Bereich
- Der androgyne Mensch
- Globalisierung und Vernetzung
- Betonung des Intellekts und des Wissens
- Intensive Beschäftigung mit Naturwissenschaften
- Atomkernspaltung
- Die Eroberung des Weltraums
- Bewusstseinserweiterung etc.

Die heliozentrische Betrachtungsweise

Seit Kopernikus (1473 – 1543) wissen wir, dass die Sonne der Mittelpunkt unseres Planetensystems (heliozentrisches System) ist. Nicht die Sonne dreht sich um die Erde, sondern die Erde umläuft die Sonne.

Die geozentrische Betrachtungsweise

Da die Astrologie die Verhältnisse auf der Erde beschreibt, stellt sie die Erde in den Mittelpunkt (geozentrisches System) und beschreibt die Bewegung der Gestirne, wie sie sich für unsere Augen darstellen.

Die Ekliptik

In der westlichen Astrologie nimmt der Tierkreis seinen Anfang am 20./21. März, das ist die Zeit der Frühlings-Tagundnachtgleiche (0 Grad Widder); dann, wenn die Sonne in den Schnittpunkt von Tierkreis und Himmelsäquator tritt. Die Ekliptik schneidet den Himmelsäquator an zwei gegenüberliegenden Punkten, dem Frühlings- und Herbstpunkt. Der Winkel zwischen Ekliptik und Himmelsäquator (Schiefe der Ekliptik) beträgt 23 Grad und 27 Minuten. Die Teilung der Ekliptik in zwölf gleich große Abschnitte (von je 30 Grad) entsprechen den zwölf ihnen zugeordneten Zeichen des Tierkreises

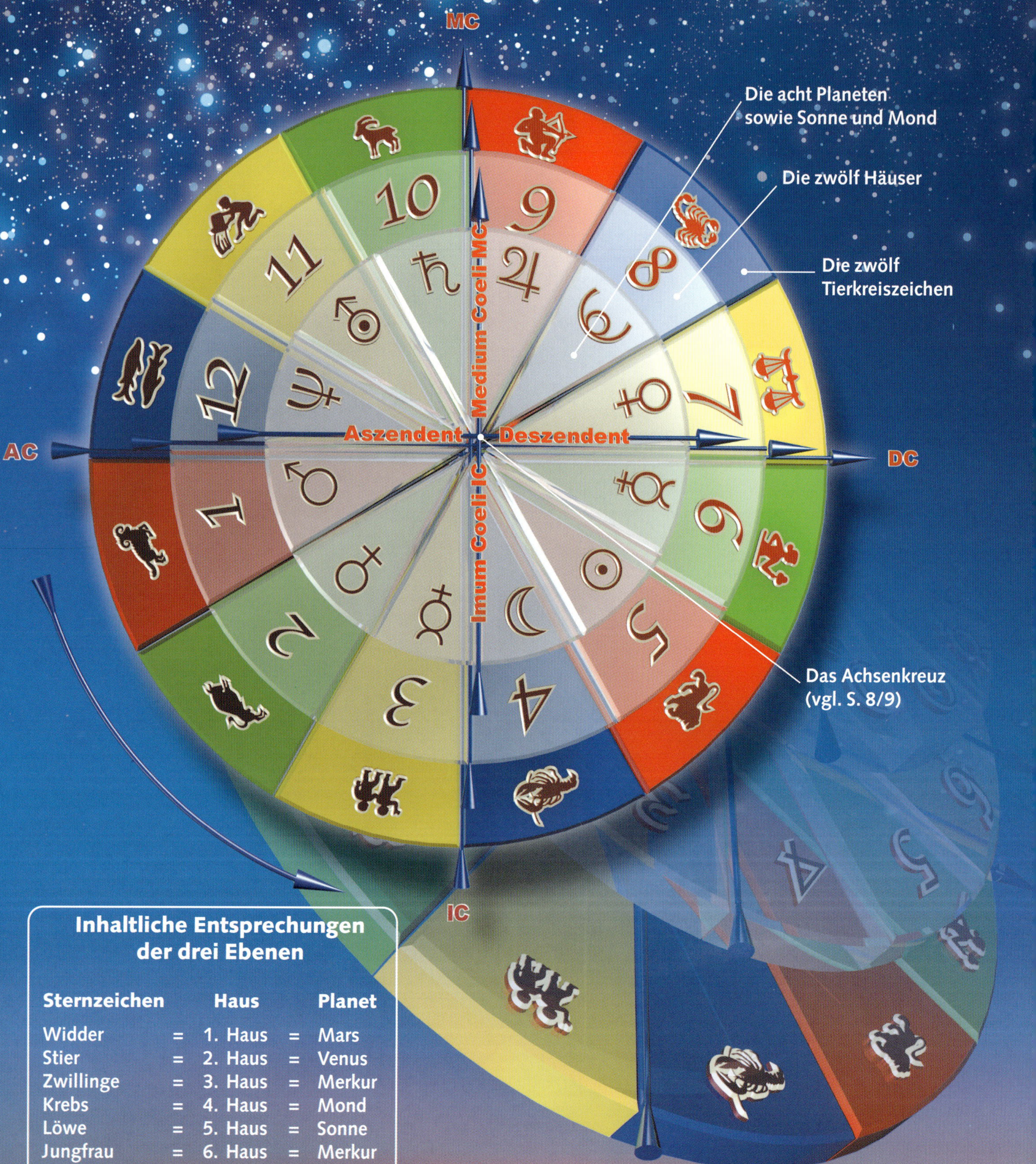

Inhaltliche Entsprechungen der drei Ebenen

Sternzeichen		Haus		Planet
Widder	=	1. Haus	=	Mars
Stier	=	2. Haus	=	Venus
Zwillinge	=	3. Haus	=	Merkur
Krebs	=	4. Haus	=	Mond
Löwe	=	5. Haus	=	Sonne
Jungfrau	=	6. Haus	=	Merkur
Waage	=	7. Haus	=	Venus
Skorpion	=	8. Haus	=	Pluto
Schütze	=	9. Haus	=	Jupiter
Steinbock	=	10. Haus	=	Saturn
Wassermann	=	11. Haus	=	Uranus
Fische	=	12. Haus	=	Neptun

Das Horoskop

Astronomisch betrachtet ist das Horoskop eine schematische Darstellung der Sternenkonstellation zu einem bestimmten Zeitpunkt vom Blickpunkt des Planeten Erde aus gesehen. Um ein Horoskop zu erstellen, benötigt man die genaue Zeit der Geburt, den Tag und das Jahr. Für eine exakte Berechnung muss man die Längen und Breitengrade des Geburtsortes ermitteln.

Ferner benötigt man Häusertabellen, mit denen die Häuserspitzen bestimmt werden, sowie die Ephemeriden, aus denen die Planetenstände abgelesen werden. Heute übernehmen in der Regel Computer die ansonsten sehr aufwändige Berechnung eines Horoskops (vgl. das Beispiel eines Horoskops S. 2).

Die Darstellung eines Horoskops enthält

- Die zwölf Tierkreiszeichen
- Die Position und Darstellung der acht Planeten und Sonne und Mond in den Tierkreiszeichen: Die Positionen der Planeten für einen bestimmten Tag und für einen bestimmten Zeitpunkt sind in den so genannten Ephemeriden abzulesen. Ephemeriden sind Tabellen über die genauen Angaben der täglichen Bewegung der Planeten.
- Die Planeten in den Häusern: Ausschlaggebend hierfür ist die tägliche Drehung des Himmels um die Erde. Die Häuser sind in der Regel unterschiedlich groß und die Planeten verteilen sich gemäß Geburtszeit und -ort im Tierkreis (vgl. Aszendent S. 50f., Achsenkreuz S. 8f., Planeten S. 12ff.und Häuser S. 24f.)

Für einen Astrologen ist ein Geburtshoroskop (Radix oder Kosmogramm) ein symbolisches Abbild der individuellen Psyche des Menschen, und es ist ihm damit möglich, die Ganzheit eines Wesens zu erfassen. Er kann aus dem Horoskop wertvolle Hinweise über die potenziellen Anlagen, Fähigkeiten und die verschiedenen Eigenschaften des Einzelnen erhalten. Individuelle Informationen kann er auch aus dem Stand eines Planeten erkennen. Es spielt somit eine Rolle, ob ein Planet im Domizil, Exil, Fall oder in der Erhöhung steht:

Domizil ist das Zeichen, wo der Planet regiert, also Herrscher ist. In dem Zeichen steht der Planet stark.

Exil ist das Zeichen, das dem Domizil gegenübersteht. Der dort stehende Planet wird in seiner Wirkung von dem Zeichen stark beeinflusst.

Erhöhung ist das Zeichen, in dem sich ein Planet aufgrund der Zugehörigkeit zum gleichen oder harmonisch fördernden Element entfalten kann.

Fall ist das Zeichen, das der Erhöhung gegenübersteht. Der dort stehende Planet ist von dem Herrscher des Zeichens abhängig.

Aus der Fülle von Einzelfaktoren, wie z. B. welcher Planet in welchem Haus und welchem Zeichen steht, wird deutlich, wie vielschichtig und kompliziert jedes Individuum ist. Es zeigt uns, wie viele verschiedene – zum Teil sogar gegensätzliche – Anteile in jedem Menschen stecken. Aber erst durch eine sinnvolle Zusammenschau lässt sich daraus ein Ganzes erkennen. So können wir beispielsweise mit Hilfe des Horoskops Rückschlüsse ziehen auf:

- das Temperament eines Menschen,
- seine Gefühle und Bedürfnisse,
- seine intellektuellen Möglichkeiten,
- seine Vorstellungen von Liebe und Sexualität,
- seine Antriebs- und Durchsetzungskraft,
- seine Ideale und sein moralisches Bewusstsein,
- seine Grenzen und Hemmungen,
- sein Unabhängigkeits- und Freiheitsbedürfnis,
- seinen Bezug zum Übersinnlichen,
- seine Fähigkeit zu tiefen Wandlungen.

Um mit sich und der äußeren Welt weitgehend in Harmonie zu leben, ist es nicht nur äußerst hilfreich, sondern sogar unerlässlich, sich der verschiedenen Seiten und Widersprüche des eigenen Wesens bewusst zu werden. Erst dann hat man auch die Möglichkeit, sie anzuerkennen und konstruktiv mit ihnen umzugehen.

Was jedoch der Einzelne aus seinem Potenzial, seinen Anlagen und Fähigkeiten macht, lässt sich aus dem Horoskop nicht erkennen. Dies hängt nicht nur von der Persönlichkeit ab, sondern ist auch von seinem sozialen Umfeld sowie dem religiösen und politischen Hintergrund aus zu beurteilen.

Das Achsenkreuz

Die zwei Hauptachsen im Horoskop werden durch den Aszendenten (AC) = die Spitze des 1. Hauses und durch den Deszendenten (DC) = die Spitze des 7. Hauses, sowie durch das Medium Coeli (MC) = die Spitze des 10. Hauses und durch das Imum Coeli (IC) = die Spitze des 4. Hauses gebildet.

Die Horizontachse (Aszendent-Deszendent) und die Meridianachse (Medium Coeli-Imum Coeli) sind die irdischen Koordinaten von Ort und Stunde der Geburt, die man auf den Tierkreis projiziert.

Der Aszendent (AC) befindet sich am östlichen Horizont, – der Deszendent (DC) am westlichen Horizont. Das Medium Coeli (MC) am Mittagspunkt bzw. an der Himmelsmitte, – das Imum Coeli (DC) am Mitternachtspunkt bzw. zeigt die Himmelstiefe. Die Aszendent-Deszendent-Achse (auch Beziehungsachse genannt) teilt das Horoskop horizontal in eine nördliche und südliche Hälfte. Die Medium-Coeli-Imum- Coeli-Achse (auch Individualachse genannt) teilt das Horoskop vertikal in eine östliche und westliche Hälfte.

Horizontachse (AC-DC)

Die Horizontlinie teilt die Himmelskugel in eine obere (südliche) und untere (nördliche) Hemisphäre. Im Horoskop wird diese Grenze durch eine waagrechte Linie (Achse AC-DC) dargestellt, die den Kreis in zwei Abschnitte teilt, in eine Tag- und eine Nachthälfte.

Taggeburt

In der Astrologie findet eine Taggeburt zwischen Sonnenaufgang und Sonnenuntergang statt. Die Sonne (das Sonnen- oder Sternzeichen) muss demnach eine Stellung in einem Hause über dem Horizont haben, d.h. also im 7., 8. , 9., 10., 11. oder im 12. Haus.

Im Allgemeinen bedeutet das eine mehr extrovertierte Lebensweise. Die Interessen gelten vorwiegend dem Gesellschaftlichen, Sozialen, dem Bewussten, der Umwelt, den Mitmenschen und der Zukunft.

Nachtgeburt

Eine Nachtgeburt findet zwischen Sonnenuntergang und Sonnenaufgang statt. Die Sonne muss demnach eine Stellung in einem Haus unter dem Horizont haben, d.h. also im 6., 5., 4., 3., 2., oder 1. Haus.

Im Allgemeinen bedeutet das eine mehr introvertierte Lebensweise, eine Konzentration auf die Aspekte des Unbewussten, der Seele, der Herkunft und Vergangenheit, auf die Entwicklung des Ichs und der Identität.

Ausgehend vom Aszendenten, der sich in jedem Tierkreiszeichen befinden kann, werden die zwölf Häuser berechnet (vgl. Häuser S. 24/25).

Aszendent

Der Aszendent (AC) ist das Tierkreiszeichen, das im Augenblick der Geburt am östlichen Horizont aufgeht und zugleich die Spitze des ersten Hauses darstellt (aufsteigen, lat.: ascendere). Er symbolisiert die Art und Weise, wie der Mensch auf das Leben zugeht und wie er es anpackt, die Grundstimmung in seinem Leben, die Erscheinung, die Ausstrahlung, die Lebensenergie, die Vitalität und das Temperament.

Deszendent

Als Deszendent (DC) gilt das Tierkreiszeichen, das dem Aszendenten gegenübersteht und zum Zeitpunkt der Geburt am westlichen Horizont untergeht (lat.: descendere). Der DC ist zugleich die Spitze des 7. Hauses.

Der Deszendent symbolisiert die Begegnung und Ergänzung mit anderen Menschen. Er zeigt Eigenschaften auf, die uns oftmals nicht bewusst sind, und die wir deswegen – erst nach und nach – als Teile unseres Wesens akzeptieren.

Meridianachse (MC-IC)

Das Medium Coeli (MC) oder die Himmelsmitte ist der südlichste, höchste Punkt im Horoskop, d.h. der Schnittpunkt zwischen Meridian und Ekliptik.

Die Meridianachse oder Mittagslinie teilt das Horoskop ebenfalls in zwei Hälften, in Osten und Westen. Sie ist die Orientierungsachse des menschlichen Lebens:
Sie gibt Auskunft darüber, woher wir kommen (IC = die Wurzeln) und wohin wir gehen (MC = der Auftrag, das Ziel).

Medium Coeli

Das Medium Coeli (MC) symbolisiert unseren Status, die Ehre, Autorität und das Ansehen in der Außenwelt, unseren Ehrgeiz und die Berufung. Das Zeichen am MC weist auf die Faktoren hin, die im Laufe unseres Lebens immer wichtiger werden, auf unseren Auftrag und auf unser Lebensziel.

Imum Coeli

Das Imum Coeli (IC) oder die Himmelstiefe ist der nördlichste, tiefste Punkt im Horoskop. Er kennzeichnet die Spitze des 4. Hauses und ist einer der vier Schnittpunkte des Achsenkreuzes.

Das Imum Coeli symbolisiert das Unbewusste, unser psychologisches Zuhause, unsere Seele, unseren Ursprung, das Archetypische im Menschen. Das, was wir in unserem Inneren wirklich sind, und die Seite, die wir gerne vor uns selbst und vor anderen verbergen.

Befinden sich die meisten Planeten eines Horoskops auf der östlichen Seite, tendiert die Person mehr dazu, Entscheidungen des Lebens bewusst und unabhängig zu treffen.

Finden sich im Gegensatz dazu die meisten Planeten auf der westlichen Seite des Horoskops, tendiert eine Person mehr dazu, Entscheidungen des Lebens von den Gefühlen abhängig zu machen.

Die Quadranten

Das Horoskop gliedert sich in vier Quadranten, die sich durch die beiden Achsen AC-DC und IC-MC (vgl. S. 9) bilden und über verschiedene Bereiche Auskunft geben. Jedem Quadranten wird eine bestimmte Bedeutung oder ein Thema zugeordnet:

- Dem **I. Quadranten** (Haus 1, 2, 3) wird allgemein die körperliche Ebene und die individuelle Entwicklung zugeordnet;
- dem **II. Quadranten** (Haus 4, 5, 6) die seelische Ebene, schöpferische Tätigkeit und Leistung;
- dem **III. Quadranten** (Haus 7, 8, 9) wird allgemein die geistige und vorstellungsgebundene Begegnungsebene zugeordnet;
- dem **IV. Quadranten** (Haus 10, 11, 12) die äußere, überpersönliche, soziale Ebene.

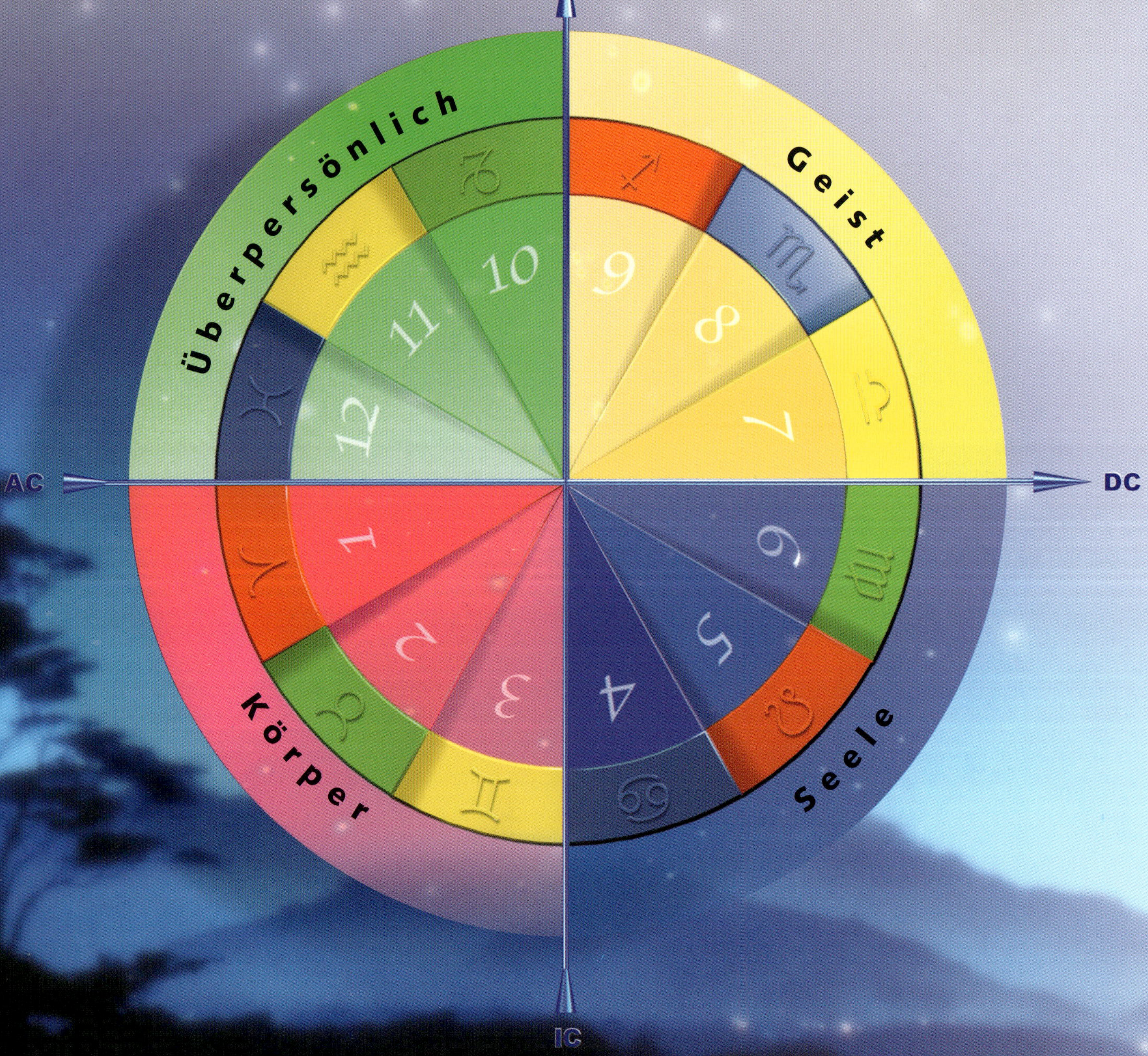

Die Quandranten sind wie die Häuser nicht immer gleich groß. Die Größe der Quadranten ergibt nicht immer einen rechten Winkel (90°), da sich die Berechnung an der Neigung der Erdachse orientiert. In diesem Aufbau lässt sich ein Kreuzschema erkennen, das sich aus jeweils zwei gegenüberliegenden Häusern bildet. Die sich daraus ergebenen drei Kreuze werden unterschieden in kardinale, fixe oder feste und bewegliche Häuser.

Kardinale Häuser

Die Eckhäuser 1, 4, 7 und 10 entsprechen inhaltlich den so genannten kardinalen Zeichen Widder, Krebs, Waage und Steinbock (vgl. Das Horoskop S. 6).

Die kardinalen Häuser sind jeweils das 1. Haus eines Quadranten. Es hat die größte Wirkungsintensität und legt den Grundton, das Thema, die Bedeutung fest. Es hat aktivierenden, impulsgebenden Charakter und symbolisiert die Art der Selbstbehauptung, der Durchsetzung eigener Ideen, den Unternehmungsgeist, die Handlungsbereitschaft, die Dynamik und Intensität der Beziehungen.

Fixe Häuser

Die Häuser 2, 5, 8 und 11 entsprechen inhaltlich den so genannten fixen Zeichen Stier, Löwe, Skorpion und Wassermann.

Die fixen oder festen Häuser sind jeweils das 2. Haus eines Quadranten. Die Energie der kardinalen Häuser wird in ihnen gefestigt. Sie haben eine stabilisierende, konsolidierende Qualität; Ziele werden mit Ausdauer erreicht, Ereichtes wird gepflegt und erhalten.

Bewegliche Häuser

Die Häuser 3, 6, 9 und 12 entsprechen inhaltlich den so genannten beweglichen oder fallenden Zeichen Zwillinge, Jungfrau, Schütze und Fische.

Die beweglichen Häuser sind jeweils das 3. Haus eines Quadranten. Es entspricht einer Wechselwirkung zwischen dem Ich und der Umwelt. Es bezieht sich auf die Ebene des Lernens, der Kommunikation, des Erkennens, der Anpassungsfähigkeit, Veränderung, Neuorientierung und Intuition. Es symbolisiert die Verarbeitung des Themas der vorhergehenden Häuser.

Die vier Elemente

Die Astrologie unterscheidet zwischen den Grundelementen Feuer, Luft, Wasser und Erde. Sie ordnet jedem der vier Elemente drei Sternzeichen zu. Ebenso werden die vier Häuser der kardinalen, fixen und beweglichen Häuser in die vier Elemente unterschieden.

Feuer

Widder, Löwe und Schütze
Gemeinsam ist diesen Feuerzeichen Optimismus, Zuversicht, Kreativität, Überzeugungskraft, Unternehmungslust und Risikobereitschaft sowie die Fähigkeit, intuitiv zu denken, zu handeln und zu fühlen.

Luft

Zwillinge, Waage und Wassermann
Gemeinsam ist den Luftzeichen Neugierde, Objektivität, Flexibilität, Austausch, Urteilsfähigkeit und Entscheidungskraft sowie logisches Denken, bewegliches, unabhängiges Handeln und Fühlen.

Wasser

Krebs, Skorpion und Fische
Gemeinsam ist den Wasserzeichen Mitgefühl, Aufnahmefähigkeit, Einfühlungsvermögen, Phantasie, Kreativität, Instinktsicherheit sowie die Fähigkeit, unbewusst zu reagieren und gefühlsmäßig zu handeln.

Erde

Stier, Jungfrau und Steinbock
Gemeinsam ist den Erdzeichen Beständigkeit, Gründlichkeit, Umsichtigkeit, Widerstandskraft, Bodenständigkeit, Durchhaltevermögen sowie realistisches Denken, praktisches und bewusstes Handeln.

Die Planeten

Die Planeten sind die zehn Wandelsterne, die sich entlang der Ekliptik bewegen. Die sieben klassischen Planeten – Sonne, Mond, Merkur, Venus, Mars, Jupiter und Saturn – sind von der Erde aus mit dem bloßen Auge sichtbar. Hinzu kommen die in den letzten zweihundert Jahren neu entdeckten Planeten Uranus, Neptun und Pluto. Sie werden auch Transsaturnische Planeten genannt.

Streng genommen sind Sonne und Mond keine Planeten. Um die Dinge zu vereinfachen, werden sie jedoch in der Sprache der Astrologie als Planeten bezeichnet.

Jeder Planet ist einem Tierkreiszeichen zugeordnet: zum Beispiel Mars dem Widder oder Mond dem Krebs (vgl. S. 6). Der Ausdruck eines Planeten ändert sich jedoch je nach dem Tierkreiszeichen, das er besetzt, und nach den Aspekten, in denen er zu den anderen Planeten steht. So setzt sich etwa der Mars im Zeichen Fische nicht auf die gleiche Weise durch wie der Mars im Zeichen Widder oder Zwillinge.

Die Planeten Merkur und Venus sind jeweils zwei Tierkreiszeichen zugeordnet. Beide Planeten sind entweder kurz vor Sonnenaufgang oder kurz nach Sonnenuntergang am Himmel zu erkennen. Deshalb unterscheidet man Merkur als Morgenstern, der dem Zeichen Zwillinge zugeordnet wird, und Merkur als Abendstern, der dem Zeichen Jungfrau zugeordnet wird. Dementsprechend wird Venus als Morgenstern dem Zeichen Stier zugeordnet und Venus als Abendstern dem Zeichen Waage.

Das Sonnensystem in schematischer Darstellung

Sonne

Zusammen mit Mars symbolisiert die Sonne das männliche Prinzip und die bewusste Seite des Menschen. Sie zeigt, mit welcher Intensität die Lebensaufgaben verfolgt werden, den Weg und das Ziel eines Menschen. Anhand der Stellung der Sonne im Horoskop lässt sich erkennen, was die Person ist und was sie zum Ausdruck bringen möchte, sowie mit welchem Verlangen sie bemüht ist, sich zu einem eigenständigen Wesen zu entwickeln.

Prinzip das männliche Prinzip: Willenskraft, Zukunft, Aktivität, Ego, Ehrgeiz, Begeisterungsfähigkeit sowie Antrieb, Persönlichkeit, Rationalität, Wille und Vitalität

Domizil Löwe

Exil Wassermann

Erhöhung Widder

Fall Waage

Farbe Gold und Gelb

Metall Gold

Edelstein Diamant, Sonnenstein, Zitrin

Archetyp der Vater

Umlaufzeit durch den Tierkreis ein Jahr, d. h., die Sonne bleibt einen Monat in einem Tierkreiszeichen

Griechische Mythologie Helios – Apollon, einer der höchsten Götter der Griechen

Römische Mythologie Sol – Gott der Sonne, der Künste, der Heilkunst und Weisheit.

Symbole und Ausdrucksformen Kreis, Tag, Mann, Vater, Osten, Gold, Herz, Licht, Wärme, Feuer, Sonnenblume, Löwe

Körperliche Entsprechung

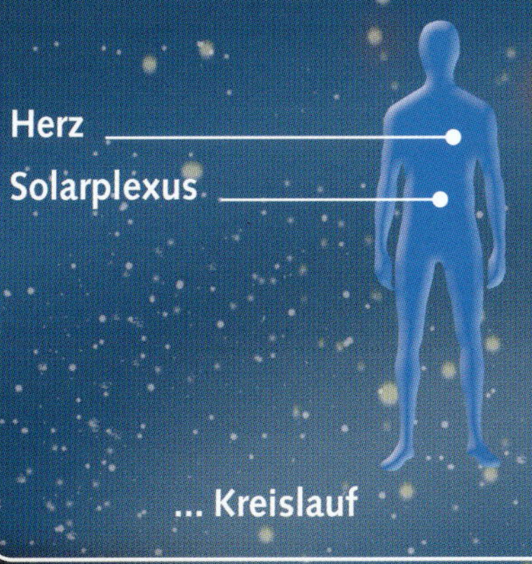

Mond

Der Mond spiegelt die Kindheitserfahrungen, die Erwartungen und Einstellungen zu Weiblichkeit und Mütterlichkeit. Er ist auch Symbol für die persönliche Mutter. Ferner steht der Mond für das Bedürfnis nach Beziehungen, Nähe, emotionaler Sicherheit und Geborgenheit. Er steht für die Welt der Gefühle, das Zuhause, die Herkunft und Familie.

Umlaufzeit durch den Tierkreis 27 Tage, d. h. der Mond bleibt ca. zwei Tage in einem Tierkreiszeichen

Griechische Mythologie Selene (Neumond) – Göttin des Mondes, der Pflanzen, Tiere und Menschen, Artemis (zunehmender Mond) – Göttin der Frauen, der Jagd, Kore, Persephone (abnehmender Mond) – Göttin der Unterwelt und der Vegetation, Hekate (Vollmond) – Göttin des Olymp, Beschützerin der Frauen und der Ehe

Symbole und Ausdrucksformen Mutter, Muschel, Ei, Brust, Silber, Ebbe und Flut, Wohnung, Haus

Im Geburtshoroskop symbolisiert der Mond das mütterlich-weibliche Prinzip, die eigene Empfindungs- und Gemütstiefe sowie die Anpassungsfähigkeit. Er steht für das Unbewusste, Irrationale, Passive, für die Instinkte und Triebe eines Menschen.

Prinzip das weibliche Prinzip: Fruchtbarkeit, Gemüt sowie Ahnungen, Intuition, Träume, Kindheit und Vergangenheit

Domizil Krebs

Exil Steinbock

Erhöhung Stier

Fall Skorpion

Farbe Silber und Grün

Metall Silber

Edelstein Perle, Opal, Mondstein, Rhodochrosit

Archetyp die Mutter

Körperliche Entsprechung

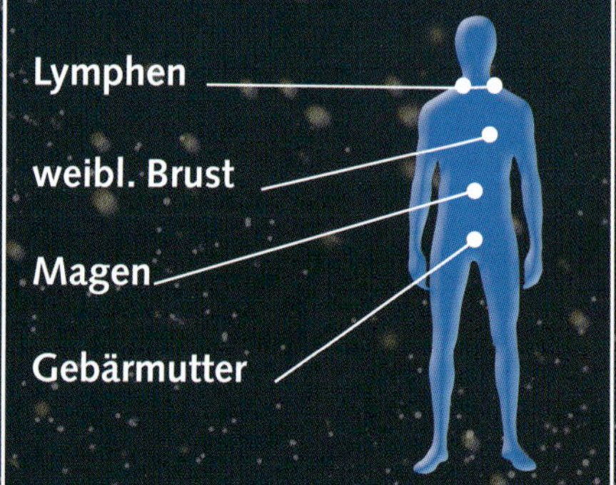

... vegetatives Nervensystem

Merkur

Merkur steht für die Fähigkeit zu denken, zu analysieren, zu systematisieren, zu lernen und zu sprechen. Er steht dafür, wie man sich ausdrückt und kommuniziert, wie man Wissen aufnimmt, verarbeitet, und wie man mit Hilfe des Intellekts logische Schlussfolgerungen zieht und dementsprechend handelt.

Prinzip das androgyne Prinzip: Denken, Logik, Sprechen, Kommunikation, Kontakte sowie Analyse, Geschicklichkeit, Selbstdarstellung sowie Selbstausdruck und Einfallsreichtum

Domizil Zwillinge und Jungfrau

Exil Schütze und Fische

Erhöhung Jungfrau

Fall Fische

Farbe Gelb

Metall Quecksilber

Edelstein Zitrin, Topas, Moosachat, Rutilquarz

Archetyp der Händler

Umlaufzeit durch den Tierkreis ca. 87 Tage, d. h. Merkur bleibt durchschnittlich 7 Tage in einem Tierkreiszeichen

Griechische Mythologie Merkur – Hermes, der Götterbote, Vermittler zwischen Himmel und Erde, Schutzherr der Wanderer und Hirten der Traumbegleiter, Gott der Redner, der Meisterdieb

Römische Mythologie Mercurius ist der Gott des Handels, des Verkehrs; er ist der Seelenbegleiter

Symbole und Ausdrucksformen Luft, Hermesstab, Ton, Schmetterling, Zweige, Traum, Zauberei, Bücher, Sinuslinien, Alchemie, Nachrichten

Körperliche Entsprechung

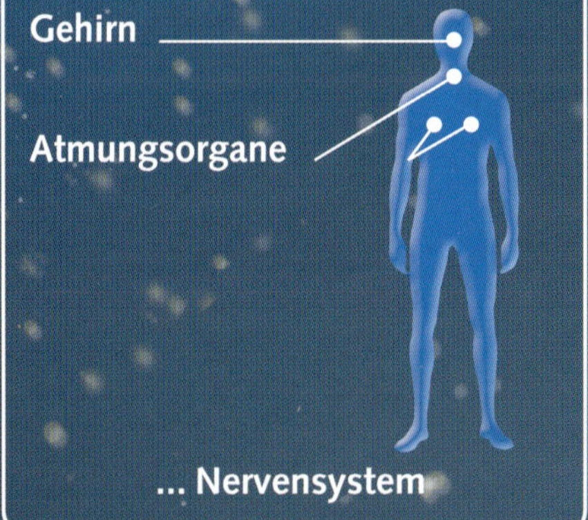

Venus

Zusammen mit dem Mond steht die Venus für das weibliche Prinzip und für die Art und Weise, wie man Gefühle und Zuneigung zeigt und ausdrückt. Sie gibt Auskunft über Erwartung und Einstellung zur Erotik, den künstlerischen und ästhetischen Ausdruck und das Bedürfnis nach Beliebtheit, Schönheit, Liebe, Genuss, Besitz und Gemeinschaft.

Prinzip das weibliche Prinzip, Liebe, Harmonie, Gefühl, Zuneigung, Kunst, Liebesfähigkeit, Ästhetik, Glück, Fruchtbarkeit, Lust und Befriedigung, Beziehungs- und Integrationsfähigkeit

Domizil Stier und Waage

Exil Widder und Skorpion

Erhöhung Fische

Fall Jungfrau

Farbe Orange

Metall Kupfer

Edelstein Rosenquarz, Smaragd, Koralle, Kunzit

Archetyp die Liebende

Umlaufzeit durch den Tierkreis 225 Tage, d. h. der Planet bleibt ca. 19 Tage in einem Tierkreiszeichen

Griechische Mythologie Aphrodite, Göttin der Liebe, des Wachstums, der Natur

Römische Mythologie Venus, Göttin der Liebe, Schönheit, Kunst, Harmonie und des Friedens

Symbole und Ausdrucksformen Musik, Tanz, Literatur, Bildhauerei, Natur, Geruch, Geschmack, Farben, Mode, Charme, Erotik, Sinnlichkeit, Muschel, Schönheit

Körperliche Entsprechung

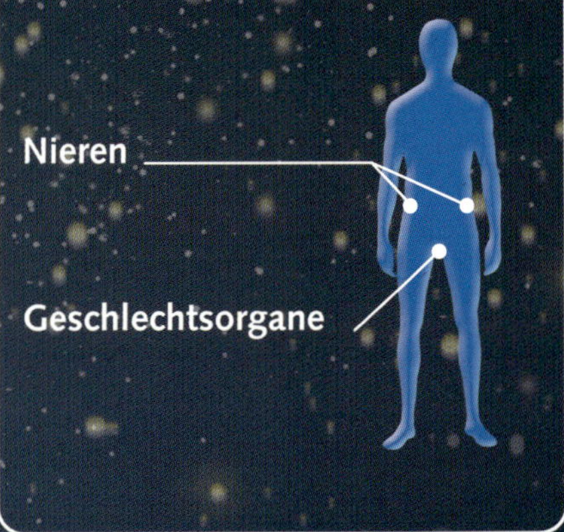

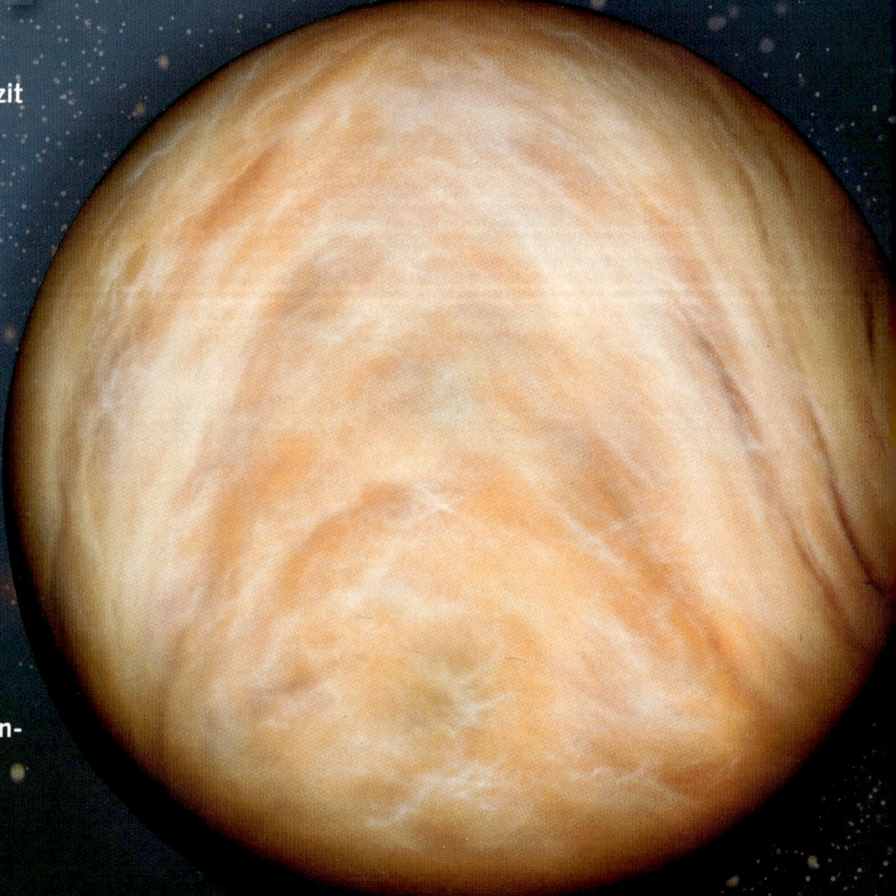

Mars

Mars ist ein wichtiger Punkt in unserem Horoskop. Er steht für Willens- und Entschlusskraft und das Durchhaltevermögen. Er zeigt, wie man seine Wünsche und Ziele in die Tat umsetzt und sich behauptet. Wir brauchen die marsische Energie zum Überleben und zur Selbstverwirklichung. Die Kraft des Mars ist spontan, unreflektiert, elementar und daher wertfrei. Sie bekommt ihren positiven oder negativen Wert erst durch die Art und Weise, wie sie erlebt wird und wie sie zum Einsatz kommt.

Prinzip das männliche Prinzip, Wille, Leistung, Durchsetzungskraft, Tat, Kampf, Impuls, Dynamik, Energie, sexuelle Leidenschaft, Trieb und Drang, Leistung, Handlungsfreude, Aggressionsvermögen

Domizil Widder und Skorpion

Exil Stier und Waage

Erhöhung Steinbock

Fall Krebs

Farbe Rot

Metall Eisen

Edelstein Hämatit, Rubin, Karneol, Granat, roter Jaspis

Archetyp der Held

Umlaufzeit durch den Tierkreis 687 Tage, d.h. der Planet Mars bleibt ca. zwei Monate in einem Tierkreiszeichen

Griechische Mythologie Ares, Kriegsgott

Römische Mythologie Mars, Gott der Fruchtbarkeit und des Krieges

Symbole und Ausdrucksformen Feuer, Rakete, Messer, Spitze, Aufbruch, Krieg, Phallus, Frühling, Eisen

Körperliche Entsprechung

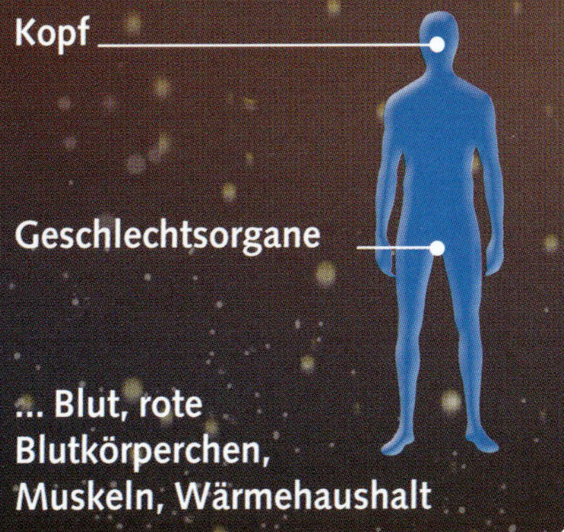

Jupiter

Jupiter steht für den Glauben und das Vertrauen an eine höhere Macht ebenso wie für den Glauben und das Vertrauen an sich selbst. Er steht für das Wissen um die Notwendigkeit, dem Leben einen Sinn zu geben, und dafür, eine Vision zu entwickeln und das Bewusstsein zu erweitern. Er verkörpert das Streben nach Wahrheit und Integrität.

Prinzip das weibliche Prinzip: Wachstum und Ausdehnung, Optimismus, Würde, Hoffnung, Glück, Reichtum, Einsicht, Gerechtigkeit, Philosophie, Religion, Großzügigkeit, Fülle

Domizil Schütze und Fische

Exil Zwillinge und Jungfrau

Erhöhung Krebs

Fall Steinbock

Farbe Purpur

Metall Zinn

Edelstein Sodalith, Lapislazuli

Archetyp der Hohepriester

Umlaufzeit durch den Tierkreis zwölf Jahre d. h. der Planet bleibt ca. ein Jahr in einem der Tierkreiszeichen

Griechische Mythologie Zeus, Göttervater und Herrscher auf dem Olymp, Sohn des Kronos und der Rhea, Gemahl der Hera

Römische Mythologie Jupiter gilt als höchster römischer Gott und ist Herr des lichten Himmels und des Wetters

Symbole und Ausdrucksformen König, Vater sowie Kirche, Blitz, Donner, Eiche, Pferd, Adler, Walnuss, Zinn und Orgel

Körperliche Entsprechung

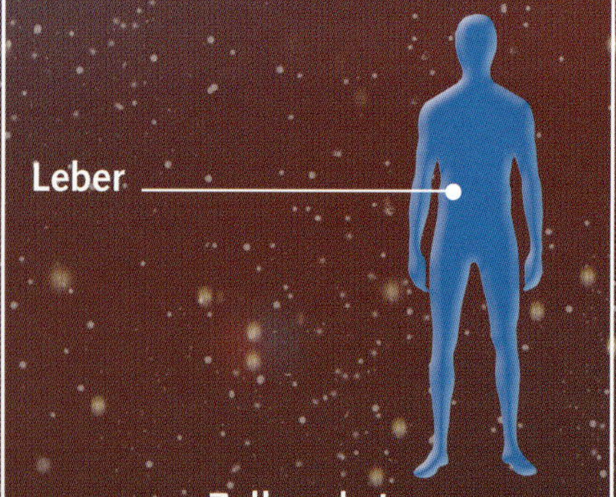

Saturn

Saturn symbolisiert den Prozess des Reifens und Alterns, der Zuverlässigkeit und Kontinuität. Er zeigt uns die Grenzen oder Hemmnisse, die es zu sehen, zu erleben und zu überwinden gilt. Saturn bedeutet das Erkennen von ungeschminkter Wahrheit, von Realität und bedeutet die Notwendigkeit, sich auf Wesentliches zu konzentrieren. Somit kann er der Schlüssel zur wahren Selbsterkenntnis werden.

Prinzip das männliche Prinzip: Erfahrung, Struktur, Reife, Kraft, Abgrenzung, Recht, Gesetz, Stabilität, Halt, Verpflichtung, Gewissen, Grenze

Domizil Steinbock

Exil Krebs und Löwe

Erhöhung Waage

Fall Widder

Farbe Schwarz

Metall Blei

Edelstein Malachit, grüner Turmalin, Onyx

Archetyp der alte Mann

Umlaufzeit durch den Tierkreis 29 Jahre, d. h. der Saturn bleibt ca. zwei Jahre in einem der Tierkreiszeichen

Griechische Mythologie Kronos, Sohn des Ouranos (Uranus) und der Göttin Gaia, Vater von Zeus; er gilt als Gott der Zeit und wird als Herrscher über die Insel der Seligen gesehen

Römische Mythologie Saturn als Hüter der Schwelle zwischen Zeit und Ewigkeit, Herrscher des Goldenen Zeitalters

Symbole und Ausdrucksformen Kristall, Kälte, Blei, Vater, Richter, Kloster, Kreuz, Friedhof, Trauerweide, Sense, Eiche, Wolf, Schlacke

Körperliche Entsprechung

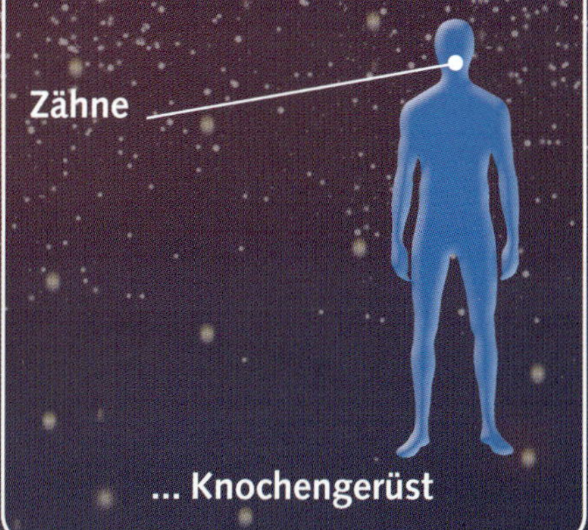

Uranus

Uranus steht für ein neues Bewusstsein. Verändert wird alles, was seinen Prinzipien nicht vollständig entspricht. Konventionelle Normen werden verlassen. Alte Strukturen, Einstellungen, Ideen und Meinungen werden aus den Fesseln befreit – sowohl auf der persönlichen als auch auf der gesellschaftlichen Ebene.

Prinzip das männliche Prinzip: Freiheitsdrang, Individualität, plötzliche Veränderung, Entwicklung, Unabhängigkeit, Umbruch

Domizil Wassermann

Exil Löwe

Erhöhung Skorpion

Fall Stier

Farbe Türkis und Eisblau

Metall Aluminium

Edelstein Aquamarin, Türkis, Chrysocoll

Archetyp der Narr

Umlaufzeit durch den Tierkreis ca. 84 Jahre, d. h. der Planet Uranus bleibt ca. sieben Jahre in einem Tierkreiszeichen

Griechische Mythologie Ouranos (Uranus), Urherrscher, Gott des Himmels, Vater des Kronos

Symbole und Ausdrucksformen Weltraum, Rakete, Flugzeug, Bernstein, Uran, Extremismus, Explosion, Blitz, elektrischer Schock

Der Planet Uranus wurde erst 1781 von Friedrich Wilhelm Herschel entdeckt.

Körperliche Entsprechung

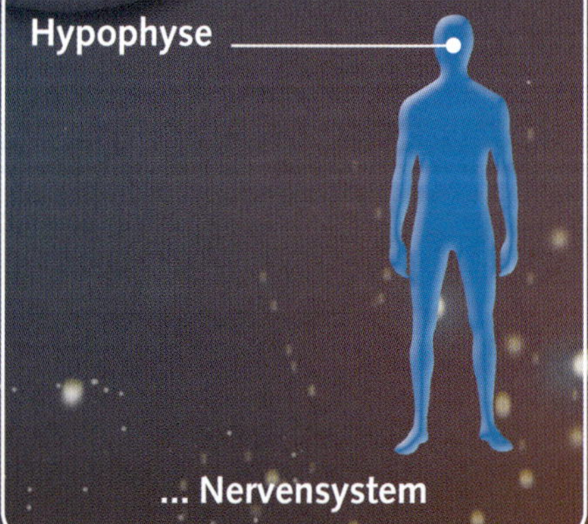

Neptun

Neptun steht für Energie, Empfänglichkeit und Sensibilität, die jenseits des logischen Verstandes und der Vernunft liegt. Er symbolisiert die Welt der Träume, Hingabe und Opferbereitschaft und steht für das Bedürfnis nach Grenzenlosigkeit und die Sehnsucht, sich von materiellen Fesseln und Beschränkungen des Egos zu befreien.

Prinzip das weibliche Prinzip: das Unbewusste, Inspiration, Sehnsucht, Geheimnis, Illusion, Phantasie, Melancholie, Empfindsamkeit, Übersinnliches, Ideale und Verlockung

Domizil Fische

Exil Jungfrau

Erhöhung Krebs

Fall Steinbock

Farbe Weiß und Grün

Metall Platin

Edelstein Fluorit, Amethyst, Jade, Sugilith

Archetyp der Mystiker

Umlaufzeit durch den Tierkreis 156 Jahre, d. h. Neptun bleibt ca. 14 Jahre in einem Tierkreiszeichen

Griechische Mythologie Poseidon tritt als Gott der Meere auf

Römische Mythologie Neptun tritt als Gott der Meere auf

Symbole und Ausdrucksformen Kelch, Märchengestalten, Seejungfrau, Fische, Lavendel, Platin, Gifte, Okkultismus, Ätherische Öle, Homöopathie, Wunder, Halluzination

Der Planet Neptun wurde erst 1846 von Johann Gottfried Galle entdeckt.

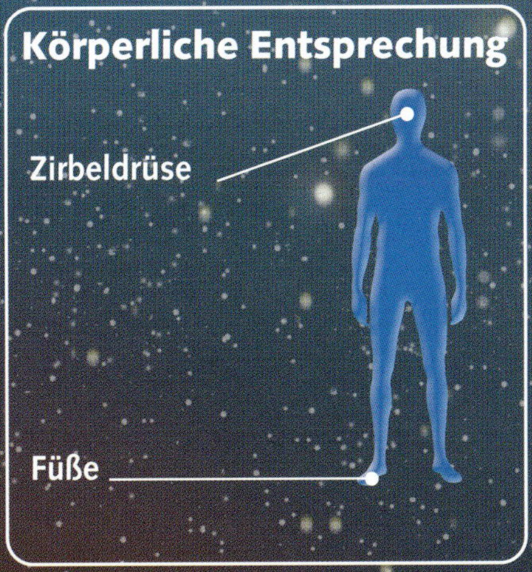

Pluto

Pluto steht für eine ungeheure Kraft, die sowohl heilend als auch zerstörerisch wirken kann. Er steht für Potenz, Intensität und einen starken Willen, der unbezwingbar scheint. Pluto sorgt für eine radikale Wandlung des Bewusstseins, bringt Vergessenes und Verdrängtes an die Oberfläche. Er zerstört zugunsten einer neuen Wirklichkeit, einer neuen Perspektive und Einstellung. Bei einem dominanten Pluto muss inneres Erleben und äußeres Geschehen in Beziehung gebracht werden.

Körperliche Entsprechung

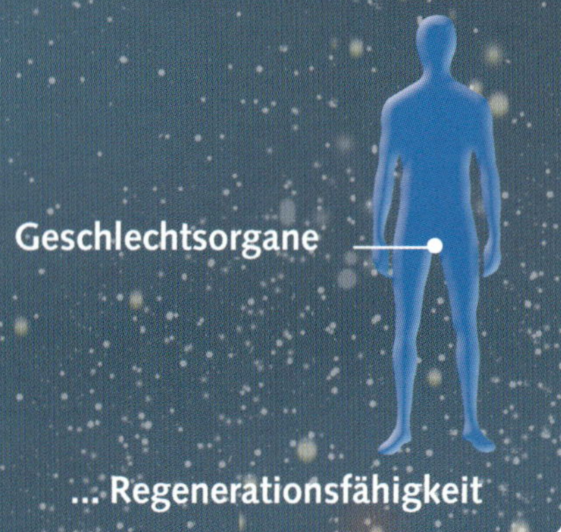

Prinzip das weibliche Prinzip: das kollektive Unbewusste, Wandlung, Macht und Ohnmacht, Regenerationskraft, Überlebenskraft, Erneuerung, Intensität und Tiefe

Domizil Skorpion

Exil Stier

Erhöhung Löwe

Fall Wassermann

Farbe Dunkelrot

Metall Eisen

Edelstein Granat, Rubin

Archetyp der Magier

Umlaufzeit durch den Tierkreis 248 Jahre, d. h. der Planet bleibt ca. 21 Jahre in einem Tierkreiszeichen

Griechische Mythologie Pluto, er wird mit Hades, dem Gott der Unterwelt, auch Gott der Toten genannt, identifiziert, Sohn der Götter Kronos und Rhea

Symbole und Ausdrucksformen Macht, Stachel, Spinne, Schlange, Dämon, Magie, Teufel, Schatten, Sexualorgane, Farne, Kröte, Atomforschung, Kompost, Psychoanalyse

Pluto wurde erst 1930 von Percival Lowell entdeckt.

Mondknoten

Mondknoten sind die Schnittpunkte der Umlaufbahn des Mondes mit der Umlaufbahn der Sonne. Die zwei Schnittpunkte liegen im Tierkreis gegenüber und werden als aufsteigender (☊) und absteigender (☋) Mondknoten bezeichnet.

Das Haus, in dem der aufsteigende, nördliche Mondknoten steht, zeigt die Zielrichtung im Leben und den Lebensschwerpunkt – die Zukunft. Dagegen steht der absteigende, südliche Mondknoten im gegenüberliegenden Haus für Vorstellungen, Verhaltensweisen und Eigenarten, von denen es sich zu lösen gilt – die Vergangenheit.

Absteigender Mondknoten *wird auch Drachenschwanz genannt. Er versinnbildlicht das Gedächtnis an Unbewusstem und erinnert an Erfahrungen unserer Ahnen.*

Aufsteigender Mondknoten *wird auch Drachenkopf genannt. Ihm kommt eine ähnliche Bedeutung wie dem Aszendenten zu, und er hat somit einen Bezug zur Umwelt und Gesellschaft.*

Die 12 Häuser

Im Unterschied zu den Tierkreiszeichen, die durch die Bewegung der Erde um die Sonne im Lauf eines Jahres bestimmt werden, spiegeln die Häuser (oder Felder) den 24-stündigen Tagesrhythmus wider, in dem sich die Erde um ihre eigene Achse dreht. Der Beginn eines Horoskops, der Aszendent, ist immer die Spitze des 1. Hauses. Es folgen die weiteren 11 Häuser, die vom Aszendenten aus gegen den Uhrzeigersinn gezählt werden.

Während die Tierkreiszeichen immer gleich groß sind (30 Grad), haben die Häuser in der Regel eine unterschiedliche Größe. Jedoch gibt es verschiedene Häusersysteme und verschiedene Methoden der Häusereinteilung. Die bekanntesten sind Placidus (nach Placidus de Titis), Koch (nach Dr. Walter Koch) und Equal (gleich große Häuser); letztere wird in Amerika häufig gebraucht. Am Beginn eines jeden Hauses (Häuserspitze genannt) steht ein Tierkreiszeichen. Jedes der 12 Häuser hat eine bestimmte Bedeutung und repräsentiert einen anderen Lebensbereich.

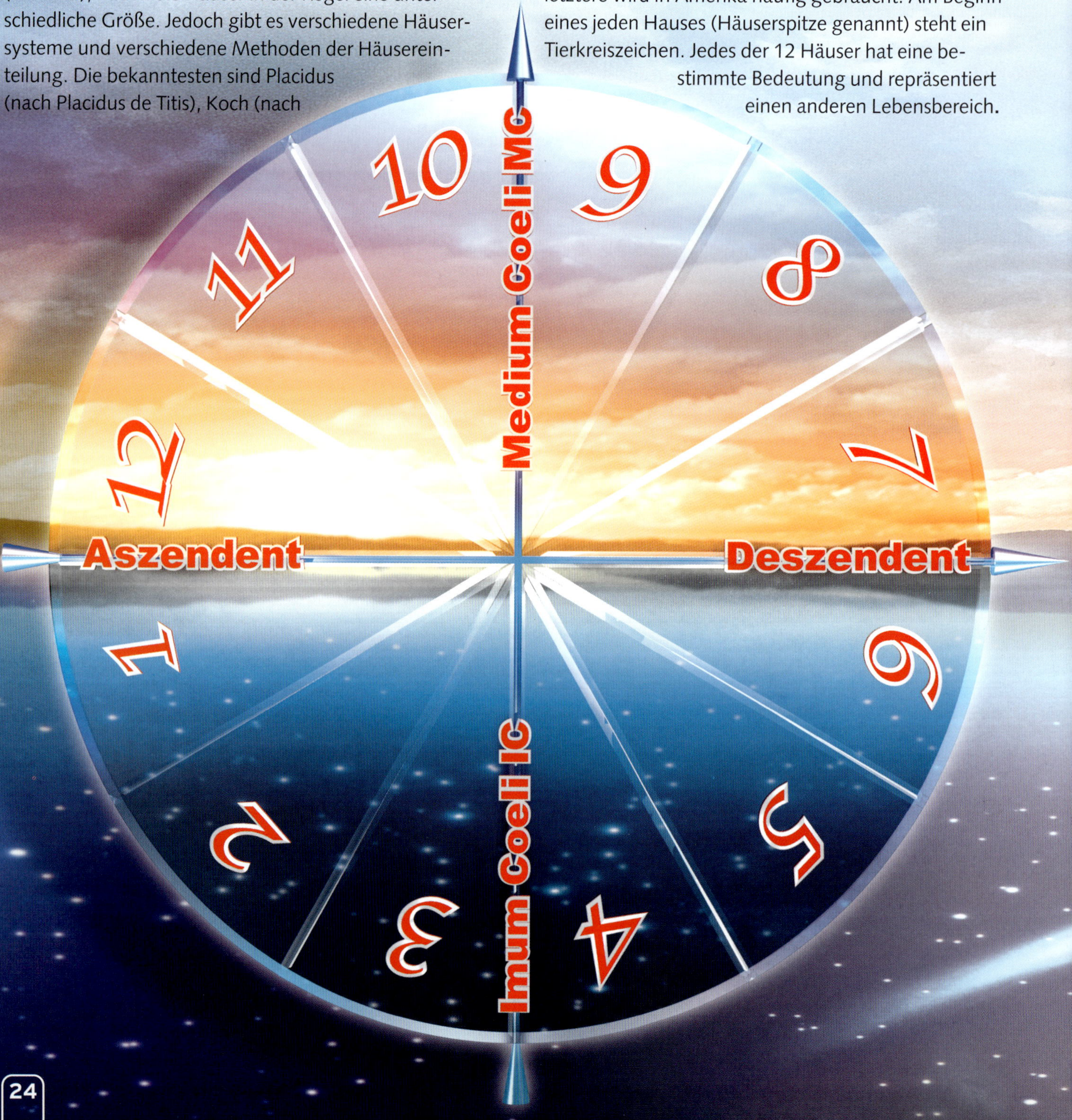

1. Haus entspricht dem Widder und dem Planeten Mars
Allgemein repräsentiert das 1. Haus das Ich, das Lebensgefühl, die äußere Erscheinung, die physische Energie, das Temperament, die Aktivität, das Wollen, die Motivation, den Habitus, wie man auf die Welt zugeht und sich ihr öffnet.
Zentrales Thema Entwicklung, Durchsetzung der Persönlichkeit

2. Haus entspricht dem Stier und dem Planeten Venus
Allgemein repräsentiert das 2. Haus den Körper, das Wahrnehmen eigener Bedürfnisse, die Einstellung zum irdischen Dasein, Genussfähigkeit, emotionale, materielle und körperliche Sicherheit, finanzielles Streben
Zentrales Thema die Entwicklung, der Ausbau und die Absicherung greifbarer Werte, des Vermögens, des eigenen Wertbewusstseins und Selbstwertgefühls

3. Haus entspricht dem Zwilling und dem Planeten Merkur
Allgemein repräsentiert das 3. Haus die geistigen Fähigkeiten, die Wahrnehmungs- und Differenzierungsfähigkeit, das Auffassungsvermögen und die Kommunikation, die Art des Denkens und Sprechens, die Ausdrucksweise, wie man sich darstellt und mitteilt, die engere Umwelt, Nachbarn, kleine Reisen, Besuche, Begegnungen und Geschwister.
Zentrales Thema die Entwicklung der intellektuellen Fähigkeiten, Kontaktaufnahme im kleineren Umkreis

4. Haus entspricht dem Krebs und dem Planeten Mond
Allgemein repräsentiert das 4. Haus die Gefühle und Empfindungen, die Seelentiefe und seelische Identifikation, das Unbewusste, das Alter, die Intimität und Vertrautheit, das Zuhause, das Heim und die Familie, die Vorfahren, den Grundbesitz, die Beziehung zur Innenwelt und zum Privatleben.
Zentrales Thema die Entwicklung der Emotionen, insbesondere eines echten, tiefen Zugehörigkeitsgefühls

5. Haus entspricht dem Löwen und dem Planeten Sonne
Allgemein repräsentiert das 5. Haus den Selbstausdruck, das schöpferische und gestalterische Prinzip, die seelische Herzlichkeit, die Kreativität, das Vergnügen, den Lebenswillen, die Lebensentfaltung und Lebensfreude, die Sexualität, die Kinder, das Bedürfnis nach Bewunderung und Wertschätzung.
Zentrales Thema die Entwicklung zur Selbstständigkeit und die Fähigkeit, eigene Kreativität und Individualität zu entfalten, zu zeigen und zum Ausdruck zu bringen

6. Haus entspricht der Jungfrau und dem Planeten Merkur
Allgemein repräsentiert das 6. Haus die Vernunft, soziale Integration, physische Gesundheit, Berufstätigkeit und das Verhältnis zur Arbeit, Anpassungsbereitschaft, die eigenen Grenzen und die Grenzen anderer.
Zentrales Thema ein ausgewogenes Verhältnis zwischen den inneren Bedürfnissen und den Anforderungen und Verpflichtungen der Umwelt.

7. Haus entspricht der Waage und dem Planeten Venus
Allgemein repräsentiert das 7. Haus das Du, die Reaktion auf andere, Beziehungen, Begegnungen und Kontakte zu anderen Menschen, die Harmonie, Freude und Schönheit, Ehepartner, Geschäftspartner und Teilhaber, das Gegenüber als Projektionsfläche, die Kooperation, Sozialisation und Gemeinschaft.
Zentrales Thema Entfaltung der eigenen Identität durch Auseinandersetzung mit anderen Menschen

8. Haus entspricht dem Skorpion und dem Planeten Pluto
Allgemein repräsentiert das 8. Haus die Selbstüberwindung, Grenzerfahrungen, das Hintergründige, die Beziehung und Einstellung zu Leben und Tod, Leidenschaft, Wandlungsfähigkeit, Erbschaften, Besitztümer und das Geld von anderen, Instinkt, Sexualität, der Orgasmus im Sinne von Ichaufgabe.
Zentrales Thema die Begegnungen mit der verborgenen, dunklen Seite des Lebens und des menschlichen Daseins, mit den Tabus der Gesellschaft und vor allem mit dem Tod und der Sexualität

9. Haus entspricht dem Schütze und dem Planeten Jupiter
Allgemein repräsentiert das 9. Haus die eigene Lebensphilosophie und Weltanschauung, Ideologie, höhere Werte und Erkenntnisse, Verständnis, abstraktes Denken, Bildung, Ideale, das Erhabene, religiöses und geistiges Leben, philosophische An- und Einsichten, weite Reisen und spirituelle Bedürfnisse.
Zentrales Thema die Bewusstseinserweiterung, das geistige Wachstum und die Frage nach dem Sinn des Lebens

10. Haus entspricht dem Steinbock und dem Planeten Saturn
Allgemein repräsentiert das 10. Haus die Öffentlichkeit, Ordnung, Autorität, das Gesetz und Ehre und Verantwortung, das Ansehen und die gesellschaftliche Position, das Vorbild, die Berufung, das Image, das Lebensziel, die beruflichen und gesellschaftlichen Ziele.
Zentrales Thema Verwirklichung von Lebensziel und -auftrag

11. Haus entspricht dem Wassermann und dem Planeten Uranus
Allgemein repräsentiert das 11. Haus den Zeitgeist, Freunde, die Gemeinschaft und Gesellschaft, Reformen, Projekte und Ambitionen, die Emanzipation, Protektion und Rebellion, Hoffnungen und Wünsche, humanitäre und soziale Ideale.
Zentrales Thema die Entwicklung der Persönlichkeit, die über eigene Bedürfnisse hinausgeht und somit gesellschaftlichen, überpersönlichen Bezug hat

12. Haus entspricht dem Fisch und dem Planeten Neptun
Allgemein repräsentiert das 12. Haus Zurückgezogenheit, das Grenzenlose, Phantasie und Einbildung, Religiosität, Hingabe, Weltabgeschiedenheit und Einsamkeit, Transzendenz, Prüfungen, Läuterung, das Opfer, die Auflösung von Vernunft.
Zentrales Thema das Eintauchen in das Meer des Grenzenlosen, ohne den Boden unter den Füßen zu verlieren.

Widder

21. März bis 20. April (Aries)

Qualitäten und Entsprechungen

Element Feuer: Willenskraft, Ehrgeiz, Dynamik und Mut
Herrscherplanet Mars
Exil Venus
Erhöhung Sonne
Fall Saturn
Qualität kardinal, impulsgebend, eigeninitiativ, Streben nach Führung
Geschlecht männlich: bewusst, gestaltend, geist- und willensbetont, extrovertiert
Temperament cholerisch
Symbol die Man-Rune: der Mensch mit erhobenen Armen
Bedeutung Osten, Frühling, Licht
Jahreszeit Frühlingsbeginn, Zeit des Keimens, Aufbruch der Kräfte
Körperliche Entsprechung Kopf und Stirn, das Blut im Allgemeinen, Arterien, Muskeln
Farbe Rot
Edelsteine Rubin, Jaspis, Granat
Wochentag Dienstag
Tiere Widder, Wolf, Raubvögel
Berufe/Tendenzen Interessensgebiete im Bereich Technik, Sport, Fitness, Medizin

Deutungsebene

Stichwort Licht, Hoffnung, Begeisterung, Zukunft, Bewegung, Entfaltung
Thema Wegbereiter und Impulsgeber für seine Mitmenschen zu sein, die Suche nach geistiger und individueller Identität
Das Grundbedürfnis den eigenen Willen durchzusetzen, schöpferisch aktiv zu sein, aus sich herauszugehen und mit Begeisterung und Energie etwas Neues zu entwickeln
Das Handeln offen, selbstbewusst, unbekümmert, überzeugend, engagiert. Mit einer Widdersonne geht man mit idealistischem Elan und Begeisterung an Dinge heran und hat einen großen Lebensoptimismus.
Das Denken subjektiv, hypothetisch, sprunghaft, intuitiv, kreativ, eigenwillig
Das Fühlen und Lieben spontan, direkt, enthusiastisch, ungestüm, fordernd, heftig, leidenschaftlich, unreflektiert
Die Partnerschaften müssen Abwechslung, Spannung und Lebendigkeit bieten, stets eine geistige Herausforderung sein und ein Gefühl von Freiheit und Unabhängigkeit vermitteln
Die Konfliktbereiche Übermut, Selbstüberhebung, Übertreibungen und Unzufriedenheit, unreflektierte Aggressionen und geringe Frustrationstoleranz. Aus Angst vor Abhängigkeiten, die Flucht in ständig neue Aktivitäten suchen. Die Schwierigkeit, sich zu entspannen. Die Auseinandersetzung und Konkurrenz mit dem eigenen Geschlecht.
Depressionen können immer dann auftreten, wenn der persönlichen Freiheit Grenzen gesetzt, ihre Aktionen behindert oder wenn eigene Vorstellungen nicht verwirklicht werden können, wenn Ein- oder Unterordnung gefordert wird, wenn ein Status quo entsteht oder wenn Alter und Krankheit zum Thema werden.
Die Krankheitsdispositionen Kopfschmerz, Neuralgien, Infekte und Entzündungen, Ohrensausen, Entzündungen und Infektionskrankheiten, Muskelverspannungen, Zahnschmerzen, Potenzstörungen, Frigidität

Lösungsmöglichkeiten

Lernen, die Dinge lockerer zu nehmen, sich mehr Zeit, Ruhe und Muße gönnen, um ruhiger, gelassener, geduldiger und mitfühlender zu werden. Erfahrungen können somit besser verarbeitet und ins Leben integriert werden.
Um aufzutanken benötigt das Feuerzeichen Widder körperliche Betätigung, Bewegung, Sport, frische Luft und Sonnenenergie. Auch braucht er die Begegnung und Auseinandersetzung mit Menschen, die seine Aktivitäten, seinen Enthusiasmus und seinen Optimismus teilen.

Widder-Waage-Thema

Widder und Waage stehen sich im Tierkreis und im Jahreszyklus gegenüber.
Zur Entwicklung der Persönlichkeit ist es notwendig, das gegenüberliegende Zeichen – oder Oppositionszeichen – zu integrieren, das heißt, die Mitte, die Balance zwischen beiden Polen zu finden. Würden wir einseitig und ausschließlich unsere Sonnenseite ausleben, so würden wir eine wesentliche Seite vernachlässigen und gezwungen sein, den fehlenden Teil zu projizieren.
Das Widder-Waage-Thema ist ein Konflikt zwischen Unabhängigkeit, Ichbezogenheit, Ungeduld, Eigenwille und Gelassenheit, Verbundenheit, Harmonie, Frieden.
Die Lösung für den Widder in diesem Konflikt liegt in der Integration von Nachsicht, Anpassungs- und Kompromissbereitschaft, in dem Streben nach Ausgewogenheit, in der Bereitschaft, Verständnis und Vertrauen in Beziehungen zu entwickeln, in der Überwindung der Angst vor Abhängigkeiten oder dem Verlust der Eigenständigkeit in der Erkenntnis des Partners als Spiegel seiner selbst.

Stier

21. April bis 21. Mai (Taurus)

Qualitäten und Entsprechungen

Element Erde: Stabilität, Festigkeit, Ruhe, Sachlichkeit, realistisch, praktisch, materiell
Herrscherplanet Venus
Exil Mars
Erhöhung Mond
Fall Uranus
Qualität fix, Impulse aufnehmen, Kraft der Ausdauer, Beharrlichkeit und Stetigkeit, schwer zu brechende Widerstandsfähigkeit
Geschlecht weiblich: hingabefähig, eindrucksstark, empfangend, fruchtbar
Temperament melancholisch
Symbol Kreis mit Halbkreis darüber = gehörnte Kuh oder Stierkopf
Bedeutung Kuh und Erde, die »Mutter Erde« wurde mit dem Bild der »nährenden Mutterkuh« identifiziert
Jahreszeit Zeit der Belebung, Kräftigung und Fruchtbarkeit
Körperliche Entsprechung Mund, Hals, Nacken, Venen, Stimmbänder
Farbe Grün, Rot und erdige Farben
Edelsteine Smaragd, Koralle, Saphir
Wochentag Freitag
Tiere Kuh, Hund, Taube
Berufe/Tendenzen Naturwissenschaften, Kunst, Mode, Landwirtschaft

Deutungsebene

Stichwort Sicherheit, Besitzdenken, Beharren, Bewahren, Geduld, Frieden, Heiterkeit
Thema die eigenen Kräfte sinnvoll einsetzen und Erfahrungen aus der Vergangenheit verwerten, mit sich und der Umwelt in Harmonie leben, lernen, seine Begierden und Instinkte zu kanalisieren
Das Grundbedürfnis produktiv zu sein, ein Ziel zu erreichen und zu stabilisieren, das Ergebnis zu genießen
Das Handeln ruhig, gelassen, ausdauernd, kraftvoll, beharrlich, fleißig
Das Denken realistisch, praktisch, konsequent, langsam
Das Fühlen und Lieben zärtlich, beständig, sinnlich, herzlich, hingebungsvoll, liebevoll
Die Partnerschaften sollten beständig und stabil sein. Sie sind wichtig und notwendig für die harmonische Entwicklung der Persönlichkeit und für die emotionale Sicherheit.
Die Konfliktbereiche Eifersucht, Jähzorn, Affekthandlungen und überzogenes Besitzdenken sowie das Ausweichen vor Veränderungen und Festhalten an Gewohntem
Mangel an Spontaneität und Beweglichkeit, Flucht in Passivität. Die Gefahr, sich seinen Begierden auszuliefern.
Depressionen können immer dann auftreten, wenn Veränderung oder Verzicht gefordert wird, besonders jedoch bei der Ablösung und Trennung von Bezugspersonen.
Die Krankheitsdispositionen Bronchitis, Halsentzündungen, Anginen, Schilddrüsenprobleme, Stoffwechselerkrankungen, Verspannungen im Schulterbereich, Ohrenkrankheiten

Lösungsmöglichkeiten

Sich nicht in Arbeit und Routine verlieren, sondern eigene Bedürfnisse und Talente als wichtig zu erkennen und sie wertzuschätzen. Veränderungen zulassen, um so den Weg für neue und unbekannte Erfahrungen freizumachen.
Um aufzutanken benötigt das Erdzeichen Stier den Kontakt und den Aufenthalt in der Natur. Der Stier braucht die Chance, sich lustvollen Gefühlen hingeben zu können und die Möglichkeit sinnlicher, kreativer Beschäftigung, Erfahrung und Befriedigung. Dazu zählen beispielsweise Musik, Tanz, Körpermassagen und -therapie, Malen, Gestalten, Kochen etc., ebenso wie handwerkliches Schaffen. Der Stier ist ein Genießer und braucht somit den entsprechenden Komfort.

Stier-Skorpion-Thema

Stier und Skorpion stehen sich im Tierkreis und im Jahreszyklus gegenüber.

Zur Entwicklung der Persönlichkeit ist es notwendig, das gegenüberliegende Zeichen – oder Oppositionszeichen – zu integrieren, das heißt, die Mitte, die Balance zwischen beiden Polen zu finden. Würden wir einseitig und ausschließlich unsere Sonnenseite ausleben, so würden wir eine wesentliche Seite vernachlässigen und gezwungen sein, den fehlenden Teil zu projizieren.

Das Stier-Skorpion-Thema ist ein Konflikt zwischen Stabilität, Sinnlichkeit, Genuss, Gelassenheit und Macht, Willenskraft, Intensität, Misstrauen.

Die Lösung für den Stier in diesem Konflikt liegt in der Integration von Ehrgeiz, Ausdauer, Entschlusskraft, Disziplin, in dem Streben nach Tiefe, in der Bereitschaft, sich Krisen zu stellen und sie zu überwinden, in der Bereitschaft, sich mit den verborgenen, dunklen Seiten seines Wesens zu befassen und sich mit den Vergänglichkeiten des Lebens auseinander zu setzen.

Zwillinge

22. Mai bis 21. Juni (Gemini)

Qualitäten und Entsprechungen

Element Luft: geistig und intellektuell, theoretisch, objektiv, neugierig und kontaktfreudig. Sammlung und Verteilung von Wissen. Motivation durch intellektuelle Vorstellung
Herrscherplanet Merkur
Exil Jupiter
Erhöhung nicht vorhanden
Fall nicht vorhanden
Qualität beweglich, ausgleichend, anpassungsfähig,
Geschlecht männlich: bewusst, fordernd, aktiv, handelnd
Temperament sanguinisch
Symbol die zwei Tempelsäulen als Symbol der Spaltung in Subjekt und Objekt, in Bewusstes und Unbewusstes, in Tag und Nacht, hell und dunkel
Jahreszeit Zeit der Entfaltung
Körperliche Entsprechung Schultern, Arme, Hände und Nervensystem, Atmungsorgane, Luftwege, Extremitäten im Allgemeinen
Farbe Gelb
Edelsteine Goldtopas, Moosachat
Wochentag Mittwoch
Tiere Insekten, Bienen, Affen
Berufe/Tendenzen Journalismus, Medien, Reisen, Werbung, Schriftstellerei, Geschäfte und Handel, Sprachwissenschaften

Deutungsebene

Stichwort Forschen, Denken, Suchen, Zweifeln, Anpassungsfähigkeit, Vielseitigkeit
Thema verschiedene Erfahrungen zueinander in Beziehung setzen, um die dahinter liegende Logik zu erkennen
Die vielen, verschiedenen Seiten des Wesens miteinander verbinden, beispielsweise die gefühlsmäßige und analytische sowie die introvertierte und extrovertierte, Euphorie und Depression, Bewusstes und Unbewusstes, das Männliche und das Weibliche sowie Licht und Schatten.

Das Grundbedürfnis sich mitzuteilen, geistige und praktische Gaben miteinander verbinden. Immer auf der Suche zu sein nach neuen Gedankengängen, nach geistigem Austausch, Abwechslung, Anregung und Wissen
Das Handeln clever, rational, kritisch, taktisch, geschickt, wendig und anpassungsfähig
Das Denken flexibel, vorurteilslos, spielerisch, analytisch, systematisch, vielseitig
Das Fühlen und Lieben unbeschwert, charmant, freundschaftlich, oft unverbindlich und unbekümmert
Die Partnerschaften das große Bedürfnis nach geistigem Austausch, nach Unabhängigkeit und Selbstständigkeit. Durch allzu große gefühlsmäßige Anhänglichkeit fühlt er sich jedoch schnell in die Enge getrieben.
Die Konfliktbereiche von ständiger Unruhe getrieben, fühlt sich nirgends zu Hause, muss immer unterwegs sein. Es besteht die Tendenz, in Oberflächlichkeit, ins Intellektuelle, Rationale, vor den eigenen Gefühlen zu flüchten.
Depressionen können entstehen, wenn das unverbindliche Sichmitteilen oder der geistig- intellektuelle Austausch nicht mehr möglich sind, wenn Verbindliches gefordert wird.
Die Krankheitsdispositionen Erkrankungen der Luftwege, Asthma, Schwäche des Nervensystems, Nervosität, Konzentrationsstörungen

Lösungsmöglichkeiten

Es gilt herausfinden, welche Bezugssysteme und Leitlinien gebraucht werden, damit die praktischen und geistigen Interessen und Aktivitäten optimal zur Entfaltung kommen.
Um aufzutanken benötigt das Luftzeichen Zwillinge die Gesellschaft anderer Menschen, den Gedankenaustausch mit ihnen und deren geistige Anregung. Bewegung in jeder Form und viel Luft zum Atmen (Atemtherapie).

Zwillinge-Schütze-Thema

Zwillinge und Schütze stehen sich im Tierkreis und im Jahreszyklus gegenüber.
Zur Entwicklung der Persönlichkeit ist es notwendig, das gegenüberliegende Zeichen – oder Oppositionszeichen – zu integrieren, das heißt, die Mitte, die Balance zwischen beiden Polen zu finden. Würden wir einseitig und ausschließlich unsere Sonnenseite ausleben, so würden wir eine wesentliche Seite vernachlässigen und gezwungen sein, den fehlenden Teil zu projizieren.
Das Zwillinge-Schütze-Thema ist ein Konflikt zwischen Vielseitigkeit, Neugierde, Unverbindlichkeit, Zweifel und Zielstrebigkeit, Überzeugungskraft, Wissen, Erkenntnis.
Die Lösung für den Zwilling in diesem Konflikt liegt in der Integration von Souveränität, Selbstvertrauen, Einsicht und Verständnis in dem Streben nach Wahrhaftigkeit, im Überwinden innerer Zerrissenheit und in der Bereitschaft, mit Kraft und Konzentration ein Ziel zu verfolgen.

Krebs

22. Juni bis 22. Juli (Cancer)

Qualitäten und Entsprechungen

Element Wasser: Unbewusstes, Gefühle, Emotionen, Instinkte, Ausdruck von tiefen Gefühlen, seelisches Feingespür
Herrscherplanet Mond
Exil Saturn
Erhöhung Jupiter und Neptun
Fall Mars
Qualität kardinal: Aktivität, Energie, Produktivität und Ehrgeiz sind je nach Stimmung vom Gefühl abhängig
Geschlecht weiblich: vergangenheitsorientiert, beeinflussbar, fruchtbar
Temperament phlegmatisch
Symbol die Spiralen als Symbol der aufsteigenden und absteigenden Sonnenbahn
Jahreszeit höchster Sonnenstand und somit Sommersonnenwende
Körperliche Entsprechung der Wasserhaushalt im Körper, Lymphgefäße, Brust, Magen
Farbe Silber, Rosa
Edelsteine Perle, Mondstein, Opal
Wochentag Montag
Tiere Krebs, Muschel, Kuh, Hase
Berufe/Tendenzen medizinische, therapeutische und soziale Berufe, Geschichte, Ernährungs- und Nahrungsmittelbranche

Deutungsebene

Stichwort Einfühlungsvermögen, Phantasie, Intuition, Fürsorge, Feingefühl
Thema Entfaltung eigener innerer Stabilität und Sicherheit. Vertrauen und Mut zu sich selbst als eigenständiges, selbstbewusstes, unabhängiges Wesen.
Sich immer wieder den Anforderungen der Innen- und Außenwelt stellen, loslassen, Abschied nehmen, Ängste überwinden, zupacken und festhalten.
Das Grundbedürfnis auf die Probleme anderer Menschen zu reagieren, ihnen Hilfe und Schutz anzubieten, sie zu unterstützen und zu fördern
Das Handeln mit Sorgfalt, emotional, aus dem Gefühl heraus, indirekt, schöpferisch
Das Denken subjektiv, einfühlsam, phantasievoll, gefühlvoll
Das Fühlen und Lieben herzlich, zärtlich, romantisch, verträumt, hingabevoll, mütterlich
Die Partnerschaften sind getragen von einer tiefen inneren Gewissheit um Verbundenheit und Liebe. Die im Zeichen Krebs Geborenen bringen Feingefühl, Verständnis und Geduld in Verbindungen ein und sind anlehnungsbedürftig, schwärmerisch und sensibel. Der Partner wird oft als Stütze gebraucht.
Die Konfliktbereiche übertriebenes Bedürfnis nach Zuwendung und Aufmerksamkeit, vergangenheitsbezogen bis hin zur Angst vor dem Leben. Zwiespalt zwischen Wunsch und Realität, Rückzugstendenzen und Flucht in eine Traumwelt.
Depressionen können immer bei drohendem Verlust von Geborgenheit auftreten, bei der Ablösung von Bezugspersonen, bei Kritik und Auseinandersetzung, bei seelischer Entwurzelung.
Die Krankheitsdispositionen Magenbeschwerden, Schleimhautprobleme, Lymphstauungen, Erkrankungen an Brust und Gebärmutter

Lösungsmöglichkeiten

Es gilt zu lernen, mehr Realitätssinn, Objektivität und Bewusstsein zu entwickeln. Aggressive Gefühle akzeptieren und versuchen, sie durch bestimmte Sportarten auszudrücken (z. B. Tai-Chi).
Gelingt es, die Gefühle und Phantasien schöpferisch zum Ausdruck zu bringen, findet man zur inneren Zufriedenheit. Um aufzutanken benötigt das Wasserzeichen Krebs den emotionalen Austausch mit anderen gefühlsbetonten Menschen. Zeiten des Rückzugs und der Stille sind notwendig, um wieder Kraft in sich selbst zu finden. Dies kann z. B. mit Hilfe von Meditation oder Therapien, die mit Imagination arbeiten (z. B. Katathymes Bildererleben), erlangt werden.

Krebs-Steinbock-Thema

Krebs und Steinbock stehen sich im Tierkreis und im Jahreszyklus gegenüber.
Zur Entwicklung der Persönlichkeit ist es notwendig, das gegenüberliegende Zeichen – oder Oppositionszeichen – zu integrieren, das heißt, die Mitte, die Balance zwischen beiden Polen zu finden. Würden wir einseitig und ausschließlich unsere Sonnenseite ausleben, so würden wir eine wesentliche Seite vernachlässigen und gezwungen sein, den fehlenden Teil zu projizieren.
Das Krebs-Steinbock-Thema ist ein Konflikt zwischen Sensibilität, Einfühlungsvermögen, Herzlichkeit, Familiensinn und Klarheit, Unabhängigkeit, Selbstständigkeit, Freiheit.
Die Lösung für den Krebs in diesem Konflikt liegt in der Integration von Mut, Disziplin, Zuversicht und Verantwortung, im Streben nach Eindeutigkeit, in der Bereitschaft, sich Herausforderungen zu stellen und gewisse Lebensängste zu überwinden, in der Erkenntnis, sich auf die eigene Kraft zu stützen.

Löwe

23. Juli bis 23. August (Leo)

Qualitäten und Entsprechungen

Element Feuer: »gebändigtes Feuer«, Enthusiasmus, Selbstbewusstsein, Leidenschaft, Wärme, Kraft, Dynamik
Herrscherplanet Sonne
Exil Saturn
Erhöhung Pluto
Fall nicht vorhanden
Qualität fix, Kraft der Ausdauer, Sicherheit, Beständigkeit, Festigkeit, Zufriedenheit, Ruhe und Besonnenheit
Geschlecht männlich: bewusst, gestaltend, ehrgeizig, extrovertiert
Temperament cholerisch
Symbol die Schlange als Zeichen für die Sonne und Sonnenbahn, Sinnbild für Leben und Tod, für das sich immer wieder erneuernde Leben
Jahreszeit Fruchtreife
Körperliche Entsprechung Herz, Blutkreislauf, Wirbelsäule, Solarplexus
Farbe Goldgelb, Orange
Edelsteine Diamant, Sonnenstein, Rubin
Wochentag Sonntag
Tiere Löwe, Adler, Pfau
Berufe/Tendenzen Organisator, Unternehmer, Lehrer, Arzt, Schauspieler

Deutungsebene

Stichwort Selbsterkenntnis, Zuversicht, Licht, Wärme, Individualität, Kreativität, Vitalität, Selbstverwirklichung
Thema der Glaube an sich selbst und die Suche nach der eigenen Identität, herausfinden, wer man ist und welche Fähigkeiten man hat, alle Kraft zur Verwirklichung und Erfüllung seiner Pläne und Ziele einsetzen
Das Grundbedürfnis sich als selbstverständlichen Mittelpunkt seiner Umgebung zu empfinden, das Bedürfnis nach größtmöglichem Freiraum, um sich zu entfalten, sowie Anerkennung und Bestätigung für die eigene Person, für seine Arbeit und sein Handeln zu erlangen
Das Handeln entschlossen, souverän, ruhig, selbstsicher, überzeugend und optimistisch
Das Denken kreativ, intuitiv, schöpferisch, positiv, clever
Das Fühlen und Lieben romantisch, herzlich, wohlwollend, unabhängig, leidenschaftlich, großzügig
Die Partnerschaften sollten stets von einer idealistischen, temperamentvollen Stimmung, voller Wärme, Freude, und Sinnlichkeit, getragen sein. Sie brauchen das Gefühl »... ich bin wichtig!« und benötigen genügend Raum für ihre individuelle Entwicklung.
Die Konfliktbereiche Selbstgefälligkeit, Anpassungsschwierigkeiten, Einschränkungen, Objektivität.
Es fällt schwer, den banalen Alltag zu akzeptieren. Einfacher ist es, die Sonnenseite des Lebens zu betrachten.
Die Abhängigkeit von ständiger Bewunderung und Bestätigung durch andere. Die Mitmenschen zur Befriedigung des eigenen Egos zu benützen.
Depressionen können immer dann entstehen, wenn das Gefühl aufkommt, ungeliebt zu sein, oder wenn sie nicht das bekommen, was ihnen vermeintlich zusteht, wenn sie nicht gebührend wahrgenommen oder gar ausgeschlossen werden.
Die Krankheitsdispositionen Herz- und Kreislauferkrankungen, hoher Blutdruck, Rücken- und Kreislaufbeschwerden

Lösungsmöglichkeiten

Es gilt zu lernen, gelassen mit Umbrüchen und Veränderungen umzugehen, zu große Ichbezogenheit zu überwinden und eigene Schwächen zuzulassen, die Bedürfnisse, den Willen anderer anzuerkennen und anzunehmen.
Um aufzutanken benötigt der Löwe – wie die beiden anderen Feuerzeichen Widder und Schütze – die Begegnung mit Freunden und der Familie ebenso wie viel frische Luft und den Aufenthalt in sonnigen Gegenden. Er braucht die Zeit um sich zu verwöhnen, wie z. B. Licht und Farbtherapie, Akupunktur, Theaterspiel und Psychodrama.

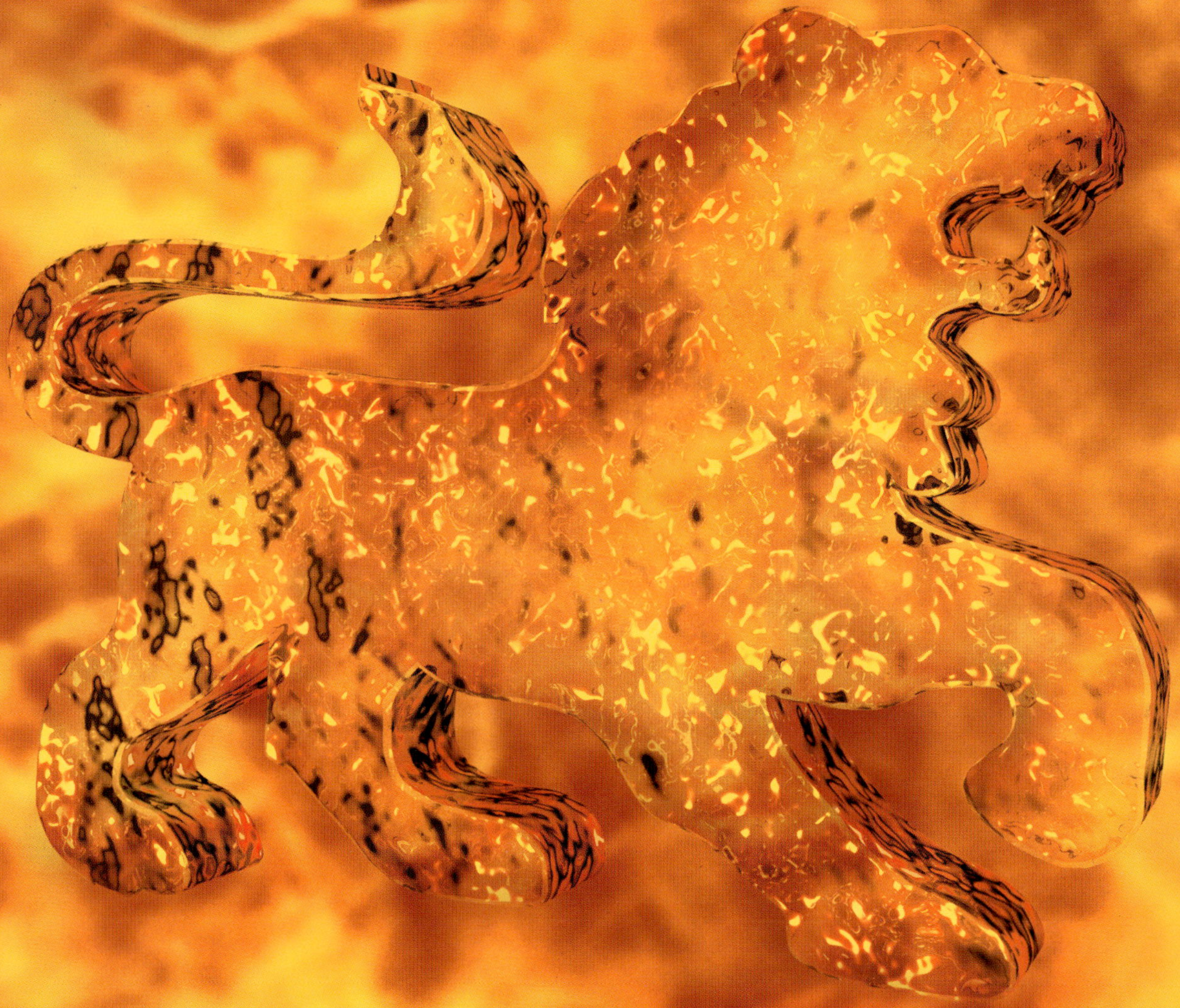

Löwe-Wassermann-Thema

Löwe und Wassermann stehen sich im Tierkreis und im Jahreszyklus gegenüber.

Zur Entwicklung der Persönlichkeit ist es notwendig, das gegenüberliegende Zeichen – oder Oppositionszeichen – zu integrieren, das heißt, die Mitte, die Balance zwischen beiden Polen zu finden. Würden wir einseitig und ausschließlich unsere Sonnenseite ausleben, so würden wir eine wesentliche Seite vernachlässigen und gezwungen sein, den fehlenden Teil zu projizieren.

Das Löwe-Wassermann-Thema ist ein Konflikt zwischen Wille, Tatendrang, Unbekümmertheit, Herzlichkeit und Unverbindlichkeit, Veränderung, Freiheit, Ungebundenheit.

Die Lösung für den Löwen in diesem Konflikt liegt in der Integration von Objektivität, Rationalität und Einsicht; in dem Streben nach Unabhängigkeit, in der Erkenntnis, seinen intuitiven Einsichten nachzugeben, und in der Bereitschaft, mit Freunden und Gleichgesinnten für bestimmte Ziele zu kämpfen.

Jungfrau

24. August bis 23. September (Virgo)

Qualitäten und Entsprechungen

Element Erde: Stabilität und Festigkeit, Ruhe, Sachlichkeit, realistisch, praktisch, materiell; Vorliebe für praktische, anwendbare Ideen; Bedürfnis, die Übersicht zu bewahren
Herrscherplanet Merkur
Exil Jupiter
Erhöhung Merkur
Fall Venus
Qualität beweglich, ausgleichend, anpassungsfähig
Geschlecht weiblich: hingabefähig, eindrucksstark, unbewusst, empfangend
Temperament melancholisch
Symbol die Jungfrau mit der Ähre als Symbol des unvergänglichen Lebens
Jahreszeit Erntezeit
Körperliche Entsprechung Darm und Verdauungstrakt, Stoffwechselerkrankungen
Farbe Sandfarben
Edelsteine Bernstein, Zitrin, Achat, Jaspis
Wochentag Mittwoch
Tiere Insekten, Katzen, Hunde
Berufe/Tendenzen Medizin, Ernährung, Naturwissenschaften, Datenverarbeitung, Techniker, Pädagogen, Psychologen, Anwälte

Deutungsebene

Stichwort Analyse, Vernunft, Zweckmäßigkeit, Einteilung, Ordnung, Assimilation, Organisation, Verarbeitung
Thema immer auf der Suche nach Erkenntnis und Vollkommenheit, ein Mittler zwischen Intuition und Logik, einer, der verschiedene Dinge und Bereiche miteinander verknüpft, in Einklang bringt und nach praktischer Umsetzung sucht
Das Grundbedürfnis ein Leben in Sicherheit mit überschaubaren, klaren Regeln zu führen und um über die Möglichkeiten und Grenzen des Machbaren Bescheid zu wissen, um sich innerhalb dieses Rahmens sicher bewegen zu können
Das Handeln ökonomisch, überlegt, effektiv, verantwortungsvoll, pflichtbewusst, fleißig, praktisch
Das Denken methodisch, analytisch, differenziert, realistisch, kritisch, vorausschauend, objektiv
Das Fühlen und Lieben zart, scheu, vorsichtig, mit Feingefühl und Takt, treu, aufopfernd und umsorgend
Die Partnerschaften sollten berechenbar und verlässlich sein. Im Vorfeld einer Beziehung wird genau das Für und Wider analysiert. Haben sich im Zeichen Jungfrau Geborene jedoch einmal entschieden, können sie außerordentlich intensive Gefühle zeigen.
Die Konfliktbereiche Misstrauen, Pedanterie, Pessimismus, Mangel an Spontaneität und die Gefahr, sich in Einzelheiten zu verlieren, sich an Realitäten des Lebens zwanghaft zu klammern und sich den Höhen und Tiefen des Lebens hinzugeben. Durch Flucht in die Sicherheit soll emotionales Defizit kompensiert werden.
Depressionen können immer dann entstehen, wenn bestimmte Lebenssituationen vermeintlich aus den Fugen geraten.
Die Krankheitsdispositionen Erkrankungen der Verdauungsorgane, Schlafstörungen sowie unspezifische Ängste.

Die Lösungsmöglichkeiten

Es gilt zu lernen, Existenzängste zu überwinden sowie Verantwortung und Arbeiten zu deligieren. Es ist sinnvoll, sich dem Leben vertrauensvoll und spontan zu öffnen und sich mit Freude auf Unbekanntes einzulassen, Veränderungen anzunehmen, sich etwas zu gönnen und Spaß zu haben.
Um aufzutanken benötigt das Erdzeichen Jungfrau einen sicheren Rückzugsort. Der Aufenthalt in der Natur verschafft einen Ausgleich zu den Eindrücken des Alltags und der ständigen Reizüberflutung.
Wichtig ist es, sich in jeder Weise mit seinem Körper vertraut zu machen. Um das zu erreichen sind beispielsweise Massagen, Entspannungsübungen und die richtige Ernährung angesagt.

Jungfrau-Fische-Thema

Jungfrau und Fische stehen sich im Tierkreis und im Jahreszyklus gegenüber.
Zur Entwicklung der Persönlichkeit ist es notwendig, das gegenüberliegende Zeichen – oder Oppositionszeichen – zu integrieren, das heißt, die Mitte, die Balance zwischen beiden Polen zu finden. Würden wir einseitig und ausschließlich unsere Sonnenseite ausleben, so würden wir eine wesentliche Seite vernachlässigen und gezwungen sein, den fehlenden Teil zu projizieren.
Das Jungfrau-Fische-Thema ist ein Konflikt zwischen Vernunft, Ordnung, Sicherheit, Realitätsbewusstsein und Phantasie, Auflösung, Irrationalität und Grenzenlosigkeit.
Die Lösung für das Zeichen Jungfrau in diesem Konflikt liegt in der Integration von Visionen, Sehnsüchten und Unsicherheiten. Erstrebenswert ist die Überwindung der Angst vor Unbekanntem und die Bereitschaft, Vertrauen in das Leben zu gewinnen, um die Dinge »geschehen-lassen-zu-können«.

Waage

24. September bis 23. Oktober (Libra)

Qualitäten und Entsprechungen

Element Luft: geistig und intellektuell, theoretisch, objektiv und neugierig, Sammlung und Verteilung von Wissen, Ausdruck in Kunst, Sprache und abstraktem Denken, jede Form von Gemeinschaft
Herrscherplanet Venus
Exil Mars
Erhöhung Saturn
Fall Sonne
Qualität kardinal, impulsgebend, entschlossen, aktiv, Streben nach Führung
Geschlecht männlich: bewusst, gestaltend, willensbetont, extrovertiert
Temperament sanguinisch
Symbol die Waage als Zeichen der Balance deutet auf die Herbst-Tagundnachtgleiche hin. Tag und Nacht, Ich und Du sind zwei gegensätzliche Pole, die einander begegnen und eine Einheit bilden wollen.
Jahreszeit Zeit der Balance und des Ausgleichs in der Natur
Körperliche Entsprechung Nieren, Blase, Lenden, Haut
Farbe Blau und Grün
Edelsteine Saphir
Wochentag Freitag
Tiere Taube, Schmetterling, Reh
Berufe/Tendenzen alle kreativen Berufe, Werbung, Kunst, Musik, Mode, Diplomatie, Rechtswissenschaften

Deutungsebene

Stichwort Austausch, Begegnung, Zusammengehörigkeit, Gleichberechtigung, Fairness, Harmonie, Frieden
Thema das Ausbalancieren von Gegensätzen für sich selbst und für die Beziehung zu den Mitmenschen, die Suche nach dem gemeinsam Verbindenden. Als kardinales Zeichen liegt die Betonung auf Aktivität. Ziele werden gesteckt und auch oft erreicht.
Das Grundbedürfnis der Wunsch nach Abwechslung, Heiterkeit und Gesellschaft, nach Zusammengehörigkeit und Austausch mit anderen. Eine Umgebung, mit der sie harmonieren können, gibt den im Zeichen Waage Geborenen das Gefühl, geschätzt und beachtet zu sein.
Das Handeln aktiv, initiativ, diplomatisch, klug, kompromissbereit, kooperativ
Das Denken objektiv, fair, schöpferisch, phantasievoll, bildhaft, gefühlsbetont
Das Fühlen und Lieben mit Charme, zärtlich, liebevoll, romantisch, naiv, hingebungsvoll
Die Partnerschaften ein harmonisches Zusammensein ist das Wichtigste in Waagebeziehungen. Sie streben nach einer glücklichen, vollkommenen und idealen Verbindung.
Die Konfliktbereiche Unentschlossenheit, Harmoniesucht und ständige Kompromissbereitschaft.
Aus Angst vor Konflikten, Ärger und Streit werden Schattenseiten des Lebens gern verdrängt und ausgeklammert, Auseinandersetzungen vermieden und nur nach dem Schönen und Positiven im Leben Ausschau gehalten.
Depressionen können in Konflikt- und Entscheidungssituationen entstehen, bei vermeintlichem oder tatsächlichem Liebesentzug und bei der Gefahr, verlassen zu werden.
Die Krankheitsdispositionen Hautkrankheiten, Erkrankungen der Nieren und Harnwege, Probleme mit der Bauchspeicheldrüse

Die Lösungsmöglichkeiten

Es gilt, seine eigene Bedürfnisse, Gefühle und Wünsche stärker zu beachten. Herausfinden, was man selbst wertschätzt, ohne sich bei anderen rückzuversichern. Den Mut entwickeln, Entscheidungen zu treffen, dazu zu stehen und die Konsequenzen zu tragen.
Um aufzutanken benötigt das Luftzeichen Waage viel Zeit und Raum für Freunde, geistvolle Gespräche und Vergnügungen als Ausgleich zu den Pflichten und Anstrengungen des Alltags. Beschäftigung mit Schönheit, Kunst, Musik und Tanz sind ideal.

Waage-Widder-Thema

Waage und Widder stehen sich im Tierkreis und im Jahreszyklus gegenüber. Zur Entwicklung der Persönlichkeit ist es notwendig, das gegenüberliegende Zeichen – oder Oppositionszeichen – zu integrieren, das heißt, die Mitte, die Balance zwischen beiden Polen zu finden. Würden wir einseitig und ausschließlich unsere Sonnenseite ausleben, so würden wir eine wesentliche Seite vernachlässigen und gezwungen sein, den fehlenden Teil zu projizieren.

Das Waage-Widder-Thema ist ein Konflikt zwischen Anpassungsfähigkeit, Anteilnahme, Einfühlungsvermögen und Durchsetzungskraft, Spontaneität, Unabhängigkeit.

Die Lösung für das Zeichen Waage in diesem Konflikt liegt in der Integration von gesunder Aggressivität und Selbstständigkeit sowie in dem Streben nach Eigenständigkeit, in dem Mut, sich abzugrenzen und in der Bereitschaft, ein ausgewogenes Verhältnis von Geben und Nehmen zu entwickeln.

Skorpion

24. Oktober bis 22. November (Scorpio)

Qualitäten und Entsprechungen

Element Wasser: sensibel, intuitiv, kreativ und hingebungsvoll, die Gefühle und Empfindungen sind dominant
Herrscherplanet Mars und Pluto
Exil Venus
Erhöhung Uranus
Fall Mond
Qualität fix, impulsaufnehmend, ausdauernd, beständig und beharrlich, mit schwer zu brechendem Widerstand
Geschlecht weiblich: unbewusst, seelisch, hingabefähig, eindrucksstark, empfangend, passiv, fruchtbar
Temperament cholerisch
Symbol dem m (♏) des Skorpions, das sich aus der Sterberune der Steinzeit entwickelt hat, wurde der Todesstachel hinzugefügt.
Jahreszeit das Wachstum in der Natur erlischt, aber es gibt ein »Weiterleben« in der Wurzel.
Körperliche Entsprechung Genitalbereich, Sexualorgane
Farbe dunkles Rot, dunkles Grün
Edelsteine Granat, Hämatit, Sardonyx
Wochentag Dienstag
Tiere Skorpion, Schlange, Wolf
Berufe/Tendenzen Therapeuten, Forscher, medizinische Berufe, Metzger, Jäger, Pädagogen, Analytiker, Esoteriker

Deutungsebene

Stichwort Leidenschaft, Intensität, Macht, Krise, Wandlung, Regeneration, Sexualität, Geheimnis, Beziehung zum Unbewussten
Thema die verborgenen Seiten der Menschen und des Lebens erforschen, analysieren, ergründen und zu tiefen spirituellen Erkenntnissen vordringen, einem Vorbild und einer Leitfigur folgen oder es selbst für andere sein.
Das Grundbedürfnis sich mit dem Umfeld intensiv, emotional auseinander zu setzen. Es ist den Skorpiongeborenen wichtig, zu ihren Mitmenschen eine gefühlsbetonte Beziehung herstellen zu können.
Das Handeln diszipliniert, ausdauernd, provokant, beherrscht, zäh, konsequent
Das Denken analytisch, hintergründig, tiefgründig, kompromisslos, scharfsinnig
Das Fühlen und Lieben intensiv, emotional, leidenschaftlich, tief, lustvoll
Die Partnerschaften sollten tief, ernst und von Dauer sein, stets eine Herausforderung bieten, um daran wachsen zu können. Skorpione brauchen lange, bis sie genügend Vertrauen entwickelt haben, um sich zu öffnen und zu zeigen, wie sie wirklich sind.
Die Konfliktbereiche Voreingenommenheit, übertriebener Pessimismus, Verlustängste, Kontrolle, Macht und Ohnmacht, Besitzansprüche
Es besteht die Gefahr, in der eigenen, subjektiven Welt gefangen zu bleiben. Aufgrund von Verlustängsten kontrollieren sie ihr Umfeld und schaffen so Abhängigkeiten. Depressionen können Ausdruck von tief sitzender, ohnmächtiger Wut oder Zorn sein, aber auch aufgrund nicht geleisteter Trauerarbeit entstehen.
Die Krankheitsdispositionen Unterleib, Geschlechts- und Ausscheidungsorgane

Lösungsmöglichkeiten

Vertrauen und Distanz zu anderen Menschen entwickeln und dabei toleranter, nachsichtiger und entspannter werden. Die Kunst des Vergebens und Verzeihens üben. Heftige oder negative Gefühle anerkennen, ohne sich mit ihnen zu identifizieren.

Um aufzutanken benötigt das Wasserzeichen Skorpion intensiven, emotionalen Austausch mit anderen gefühlsbetonten Menschen, mit Freunden, die ihren Alltag mit Witz, Humor und Leichtigkeit auflockern. Entspannung, Erholung und Regeneration für Körper, Geist und Seele wird durch Übungen und Techniken wie Meditation, autogenes Training, bewusstes Fasten und durch Entgiftung des Körpers erreicht.

Skorpion-Stier-Thema

Skorpion und Stier stehen sich im Tierkreis und im Jahreszyklus gegenüber.

Zur Entwicklung der Persönlichkeit ist es notwendig, das gegenüberliegende Zeichen – oder Oppositionszeichen – zu integrieren, das heißt, die Mitte, die Balance zwischen beiden Polen zu finden. Würden wir einseitig und ausschließlich unsere Sonnenseite ausleben, so würden wir eine wesentliche Seite vernachlässigen und gezwungen sein, den fehlenden Teil zu projizieren.

Das Skorpion-Stier-Thema ist ein Konflikt zwischen Leidenschaft, Kontrolle, Machtstreben, Einfluss und Zufriedenheit, Kreativität, Offenheit, Nachsicht.

Die Lösung für das Zeichen Skorpion in diesem Konflikt liegt in der Integration von Vertrauen, Hingabefähigkeit, Geduld und Gelassenheit, ebenso in dem Streben nach Großzügigkeit, in dem Bedürfnis nach Sicherheit und Körperlichkeit und in der Bereitschaft, dem Alltag mit Humor und Fröhlichkeit zu begegnen.

Schütze

23. November bis 22. Dezember (Sagitarius)

Qualitäten und Entsprechungen

Element Feuer: »Geläutertes Feuer«, Willensstärke, Enthusiasmus, Intuition, Idealismus, Zukunftsorientierung
Herrscherplanet Jupiter
Exil Merkur
Erhöhung nicht vorhanden
Fall nicht vorhanden
Qualität beweglich: ausgleichend, anpassungsfähig,
Geschlecht männlich: bewusst, aktiv, fordernd, handelnd
Temperament cholerisch
Symbol der Pfeil des Schützen, der in den Himmel zielt. Er symbolisiert das Streben und Sinnen nach Höherem, Geistigem, nach Unvergänglichkeit und Unendlichkeit.
Jahreszeit die ruhende Natur
Körperliche Ensprechung Hüfte, Oberschenkel, Lenden, Leber
Farbe Dunkelblau und Purpur
Edelsteine Lapislazuli, Amethyst
Wochentag Donnerstag
Tiere Pferd, Pfau, Hirsch
Berufe/Tendenzen Juristische Berufe, Sportler, Philosophie, Medizin, Lehrberufe, Globetrotter, Dichter, theologische und geistliche Berufe

Deutungsebene

Stichwort Zukunft, Abenteuer, Unabhängigkeit, Sinnsuche, Glaube, Hoffnung, Weisheit, Gerechtigkeit, Ehrfurcht, Liebe, Erkenntnis, Verstand
Thema den Sinn und die Bedeutung des Lebens erforschen und verstehen, seinen Horizont erweitern und sein Bewusstsein schärfen, Neugier und Wissendurst sind erkenntnisorientiert
Das Grundbedürfnis eigene Phantasien und Pläne auszuleben, nach dem Neuen, Unbekannten und Zukünftigen zu suchen und zu jagen, sich und andere immer wieder zu inspirieren, zu begeistern und zu motivieren
Das Handeln zielgerichtet, mutig, engagiert, souverän, motiviert, gerecht, ehrlich
Das Denken subjektiv, aufgeschlossen, weit blickend, positiv, human, optimistisch
Das Fühlen und Lieben mit Vertrauen und Idealismus, aufrichtig, frei, großzügig, liebevoll
Die Partnerschaften die im Schütze Geborenen begegnen ihren Partnern mit Respekt, Vertrauen und Großzügigkeit. Ihnen liegt viel an der Verwirklichung gemeinsamer Ziele und Ideale.
Trotz tiefer Verbundenheit sind sie darauf bedacht, dass ihr Freiheits- und Unabhängigkeitsgefühl nicht beeinträchtigt wird.
Die Konfliktbereiche Selbstüberschätzung, Unaufrichtigkeit, Rechthaberei, Arroganz, großspuriges Auftreten, moralische Überheblichkeit und die Unfähigkeit, Kritik anzunehmen, Angst vor Demaskierung, »vor dem nackten Ich«.
Depressionen können immer dann entstehen, wenn Grenzen erkennbar werden, bei Desillusionierung und bei Verlust von Visionen.
Die Krankheitsdispositionen Hüftbeschwerden, Leberprobleme, Krampfadern, Übergewicht, Ischias und Rückenschmerzen

Lösungsmöglichkeiten

Es gilt, sich selbst gegenüber geduldiger, ruhiger und gelassener zu werden, sowohl die geistigen, als auch die körperlichen Bedürfnisse nach Freiheit zu befriedigen, sich den eigenen, verletzlichen Seiten zu stellen und den Mut aufzubringen, schmerzliche Erfahrungen zuzulassen. Es geht darum, Bescheidenheit und Demut zu entwickeln und sich selbst Grenzen zu setzen.
Um aufzutanken muss das Feuerzeichen Schütze die Möglichkeit haben, seinen Bedürfnissen nachzugeben wie z. B. reisen, wandern, sich bewegen, neue geistige Anregungen, ins Theater gehen oder selbst Theater spielen. Manchmal genügt eine kleine Ortsveränderung, um Geist und Körper neu zu beleben.

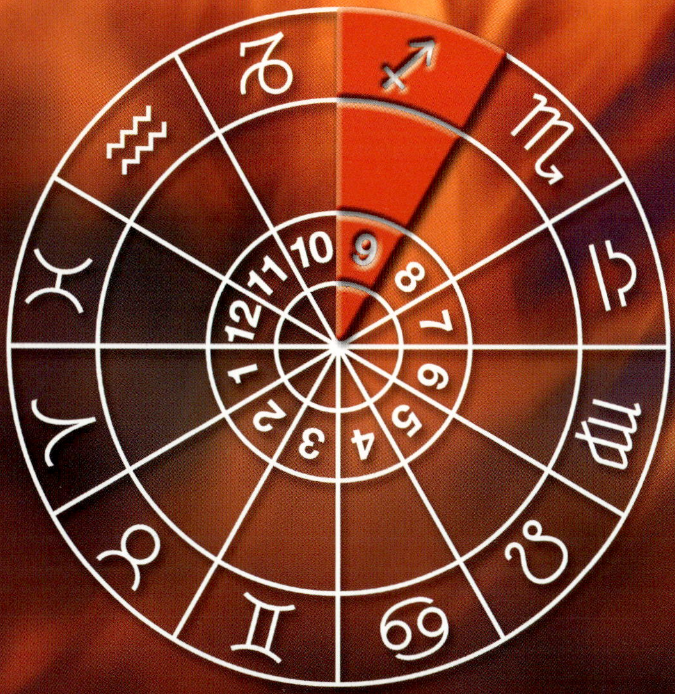

Schütze-Zwilling-Thema

Schütze und Zwillinge stehen sich im Tierkreis und im Jahreszyklus gegenüber.

Zur Entwicklung der Persönlichkeit ist es notwendig, das gegenüberliegende Zeichen – oder Oppositionszeichen – zu integrieren, das heißt, die Mitte, die Balance zwischen beiden Polen zu finden. Würden wir einseitig und ausschließlich unsere Sonnenseite ausleben, so würden wir eine wesentliche Seite vernachlässigen und gezwungen sein, den fehlenden Teil zu projizieren.

Das Schütze-Zwillinge-Thema ist ein Konflikt zwischen Konzentration, Kraft, Idealismus, Hoffnung und Unverbindlichkeit, Vielseitigkeit, Wandlungs- und Anpassungsfähigkeit.

Die Lösung für den Schützen in diesem Konflikt liegt in der Integration von spielerischer Neugierde, Unbefangenheit, Freude und Kreativität sowie in dem Streben nach Vielfalt und in der Bereitschaft, einer inneren, kindlichen Naivität Raum zu verschaffen.

Steinbock

23. Dezember bis 20. Januar (Capricornus)

Qualitäten und Entsprechungen

Element Erde: Realität, Struktur, Sicherheit, Klarheit, Streben nach Verantwortung und Autorität; Bindung an die Materie
Herrscherplanet Saturn
Exil Mond
Erhöhung Mars
Fall Jupiter
Qualität kardinal, zielgerichtete Energie, initiativ, ehrgeizig
Geschlecht weiblich: vergangenheitsorientiert, unbewusst, empfangend, passiv
Temperament melancholisch
Symbol Drei Halbkreise, die miteinander verbunden sind. Je ein Halbkreis öffnet sich nach oben bzw. unten und ein dritter Halbkreis verbindet die beiden miteinander. Dies symbolisiert die Verbindung zwischen Licht und Dunkel, Himmel und Erde, Oben und Unten.
Jahreszeit Wintersonnenwende; kalte, trockene Erde, die ruhende, Kräfte sammelnde Natur
Körperliche Entsprechung Knochensystem, Knie, Zähne, Nägel, Ohren, Milz
Farbe Schwarz
Edelsteine Bergkristall, Onyx
Wochentag Samstag
Tiere Steinbock, Ziege, Rabe
Berufe/Tendenzen Rechtswesen, Management, Architekten, Bildhauer, Politiker

Deutungsebene

Stichwort Verantwortung, Ehrgeiz, Gesetz, Recht, Ordnung, Beständigkeit, Verpflichtung, Selbstbeherrschung, Beschränkung, Konzentration, Stolz, Selbstachtung
Thema das Streben nach äußerer und innerer Entwicklung, nach Bedeutung, Macht und Einfluss, nach Eigenständigkeit, Sicherheit, nach materiellem Erfolg sowie nach Bewusstseinserweiterung
Das Grundbedürfnis sich in der Rolle des Beschützers und Versorgers zu sehen, es gibt ein Bedürfnis nach klaren Richtlinien und Verhaltensregeln, um gesteckte Ziele zu verwirklichen, um Hindernisse zu überwinden und die Schwierigkeiten des Lebens zu meistern.
Das Handeln entschieden, konsequent, diszipliniert, unermüdlich, tatkräftig, fleißig, pflichtbewusst
Das Denken klug, klar, realistisch, scharf, kritisch, praktisch, vernünftig, konzentriert, vorausschauend
Das Fühlen und Lieben dauerhaft, sinnlich, anhänglich, ernsthaft, ausdauernd, beherrscht
Die Partnerschaften zeichnen sich aus durch Treue, Zuverlässigkeit und Loyalität. Sie brauchen Zeit, um Vertrauen zu entwickeln, um ihre tiefen Gefühle der Liebe und Zuneigung unbeschwert zu zeigen.
Die Konfliktbereiche Leistungszwang, Ungeselligkeit, Argwohn, Misstrauen, Skrupellosigkeit, Geiz, Intoleranz. Furcht vor Veränderung und stures Festhalten an alten Mustern und Strukturen. Es fällt schwer, Macht und Kontrolle abzugeben. Die kindliche, spielerische, zärtliche, hingabebedürftige Seite wird gerne unterdrückt oder geleugnet.
Depressionen können aus dem drückenden Gefühl der Nutzlosigkeit entstehen, wenn kein erreichbares Ziel in Sicht ist, man nicht gebraucht oder anerkannt wird.
Die Krankheitsdispositionen Gelenkbeschwerden, Gallen- und Nierenprobleme, Stoffwechsel und Verdauungsstörungen

Lösungsmöglichkeiten

Die Fähigkeit muss entwickelt werden, die sinnlichen Seiten des Lebens zu entdecken, sich etwas zu gönnen und es zu genießen. Hin und wieder auch mal etwas »Verrücktes« tun. Geduld, Selbsterkenntnis, Stärke, Stabilität nicht nur im Äußeren suchen, sondern vor allem in sich selbst finden.
Um aufzutanken benötigt das Erdzeichen Steinbock Entspannung und Erholung durch Körpermassagen und Bewegung (Bergsteigen, Wandern), durch Rückzug in die eigene Persönlichkeit, aber auch durch spontane Unternehmungen.

Steinbock-Krebs-Thema

Steinbock und Krebs stehen sich im Tierkreis und im Jahreszyklus gegenüber.
Zur Entwicklung der Persönlichkeit ist es notwendig, das gegenüberliegende Zeichen – Oppositionszeichen genannt – zu integrieren, das heißt, die Mitte, die Balance zwischen beiden Polen zu finden. Würden wir einseitig und ausschließlich unsere Sonnenseite ausleben, so würden wir eine wesentliche Seite vernachlässigen und gezwungen sein, den fehlenden Teil zu projizieren.
Das Steinbock-Krebs-Thema ist ein Konflikt zwischen Realitätssinn, Leistung, Macht, Distanz und Vertrautheit, Unsicherheit, Geborgenheit, Wohlbefinden.
Die Lösung für den Steinbock in diesem Konflikt liegt in der Integration von Nähe, Intimität und Nachsicht, in dem Streben nach Gefühlstiefe, in der Einsicht, eine skeptische Lebenseinstellung zu überwinden und in der Bereitschaft, die Sehnsucht nach Geborgenheit und Schutz zuzulassen.

Wassermann

21. Januar bis 18. Februar (Aquarius)

Qualitäten und Entsprechungen

Element Luft: geistig und intellektuell, theoretisch, objektiv, zukunftsorientiert, Verbindung von Tradition und Moderne
Herrscherplaneten Uranus und Saturn
Exil Sonne
Erhöhung nicht vorhanden
Fall Pluto
Qualität fix, beharrlich, ruhig, sorgfältig und ausdauernd, der von Uranus und Saturn beherrschte Wassermann besitzt die Fähigkeit, Halt und Sicherheit in sich selbst zu finden
Geschlecht männlich: bewusst, aktiv, handelnd
Temperament sanguinisch
Symbol Wellenlinien: Ausdruck einer ständigen Bewegung, die sich spiralenförmig in der Unendlichkeit verliert.
Jahreszeit kühle, klare, reine Winterzeit
Körperliche Entsprechung Unterschenkel und Blutkreislauf
Farbe Blau, Blaugrün und Türkis
Edelsteine Aquamarin, Türkis
Wochentag Samstag
Tiere Vögel, Libellen, Schmetterlinge
Beruf/Tendenzen Forscher, Techniker, Psychologen, Künstler, Erfinder

Deutungsebene

Stichwort Idealismus, Zeitgeist, Humanität, Entdeckungen, Erfindungen, Unabhängigkeit
Thema die Freiheit im Denken, Handeln und Fühlen, eigene Wege gehen, Dinge, die bisher unklar oder verborgen waren, zum Ausdruck bringen, neue Ideen und Zukunftsperspektiven entwickeln
Das Grundbedürfnis der im Zeichen Wassermann Geborene braucht physisch, psychisch und intellektuell genügend Raum zur Entfaltung und zum Leben. Er will sich von Begrenzungen und Hemmungen befreien, sich von der Masse abheben und Ideen verwirklichen.
Das Handeln ausdauernd, sorgfältig, ruhig, gelassen, manchmal unüberlegt und spontan
Das Denken analytisch, klar, sachlich, unpersönlich, sprunghaft, weitsichtig, schnell, einfallsreich und human
Das Fühlen und Lieben aufrichtig, beständig, lebendig, fair, verständnisvoll, kameradschaftlich
Die Partnerschaften können sich nur auf dem Boden der Toleranz und Unabhängigkeit entwickeln. Sie sind einerseits in der Lage, eine verbindliche Beziehung einzugehen, und fühlen sich andererseits innerlich ungebunden und frei.
Die Konfliktbereiche Rückzugstendenzen, Unnahbarkeit, Überlegenheitsgefühl, Antihaltung um jeden Preis, intellektueller Stolz und Minderwertigkeitsgefühle. Schwierigkeiten entstehen durch die Ambivalenz zwischen dem Wunsch nach Nähe und Verbundenheit und dem Bedürfnis nach Distanz.
Eventuelle Einsamkeit und Isolation können Folge von Vorurteilen, Kommunikations- und Kontaktproblemen sein.
Depressionen entstehen, wenn Anpassung gefordert wird oder das Gefühl entsteht, eingesperrt zu sein, wenn sie keine eigenen Wege mehr gehen dürfen oder können.
Die Krankheitsdispositionen Venenerkrankungen, nervöse Störungen, Kreislaufbeschwerden, Herzrhythmusstörungen

Lösungsmöglichkeiten

Es gilt zu lernen, ein Gefühl für die eigene Person zu entwickeln, tiefste, innerste Empfindungen nicht mehr gewaltsam zu unterdrücken und den Mut aufzubringen, über seine Gefühle zu sprechen.
Um aufzutanken benötigt das Luftzeichen Wassermann viel Raum zum Atmen. Er muss sich regelmäßig zurückziehen können, um Abstand zu nehmen. Hilfreich sind beispielsweise Entspannungsübungen, Meditation, autogenes Training, Atem- und Bewegungstherapie.

Wassermann-Löwe-Thema

Wassermann und Löwe stehen sich im Tierkreis und im Jahreszyklus gegenüber.

Zur Entwicklung der Persönlichkeit ist es notwendig, das gegenüberliegende Zeichen – oder Oppositionszeichen – zu integrieren, das heißt, die Mitte, die Balance zwischen beiden Polen zu finden. Würden wir einseitig und ausschließlich unsere Sonnenseite ausleben, so würden wir eine wesentliche Seite vernachlässigen und gezwungen sein, den fehlenden Teil zu projizieren.

Das Wassermann-Löwe-Thema ist ein Konflikt zwischen Zurückhaltung, Unverbindlichkeit, Unabhängigkeit, Distanz und Mittelpunktstreben, Selbstsicherheit, Liebe, Kreativität.

Die Lösung für den Wassermann in diesem Konflikt liegt in der Integration von Humor, Großzügigkeit und Wärme, in dem Streben nach Selbstausdruck, in der Überwindung der Angst vor Normalität und Durchschnittlichkeit und in der Bereitschaft, auf die Stimme seines Herzens zu hören und an sich zu glauben.

Fische

19. Februar bis 20. März (Pisces)

Qualitäten und Entsprechungen

Element Wasser: das Unbewusste, die Gefühle und Emotionen; intuitives Wissen, Nächstenliebe, Hingabe, Durchlässigkeit, die Auflösung und Überwindung der Materie
Herrscherplanet Neptun
Exil Merkur
Erhöhung Venus
Fall Merkur
Qualität beweglich: anpassungsfähig, ausgleichend
Geschlecht weiblich: fruchtbar, unbewusst, hingabefähig, eindrucksstark, empfangend, passiv
Symbol zwei entgegengesetzte Halbkreise, die durch einen Mittelstrich miteinander verbunden sind. Sie beziehen sich auf die Verbindung der inneren und äußeren Welt.
Jahreszeit Aufgehen der Saat
Körperliche Entsprechung Füße und Knöchel
Farbe Grün
Edelsteine Jade
Wochentag Donnerstag
Tiere Fische, Wasservögel, Möwe
Berufe/Tendenzen Sozialberufe, Theologie, Musik, bildende Kunst, Film- und Theaterbranche

Deutungsebene

Stichwort Grenzenlosigkeit, Sensibilität, das Unbewusste, Träume, Sehnsüchte, Ahnung, Liebe, Leid, Anpassungsfähigkeit, Ambivalenz, Spiritualität
Thema das Gespür für den Zeitgeist und für Trends, das Bedürfnis, Grenzen aufzuheben und sich von materiellen Fesseln und den Beschränkungen des Egos zu befreien
Das Grundbedürfnis der Wunsch, für andere zu sorgen, die Bedürfnisse der Umwelt zu erspüren, sie aufzunehmen und zu erfüllen, einszuwerden mit einem Menschen oder in einer Sache völlig aufgehen zu können
Das Handeln instinktsicher, aufopfernd, selbstlos, intuitiv, passiv, hilfsbereit
Das Denken phantasievoll, poetisch, schöpferisch, romantisch, kreativ, utopisch
Das Fühlen und Lieben hingebungsvoll, sehnsüchtig, zärtlich, feinfühlig, liebevoll, romantisch, innig und mitfühlend
Die Partnerschaften das große Bedürfnis nach seelischer Übereinstimmung, Nähe, Intimität und Vertrautheit, sich in einer Liebe zu verlieren ist für das Zeichen Fische ein Weg, die trennende Grenze zwischen sich und dem Partner aufzuheben.
Die Konfliktbereiche Unentschlossenheit, Illusion, Sentimentalität, Depression und Unfähigkeit, einen objektiven Standpunkt einzunehmen und zu vertreten. Die totale Identifikation mit der Umwelt bedeutet die Aufgabe des Ichs. Das birgt allerdings die Gefahr, das Leben nach fremden Grundsätzen zu gestalten.Flucht in Krankheit, Todessehnsucht und masochistische Tendenzen können vorkommen.
Depressionen können auftreten, wenn Entscheidungen gefordert werden, wenn Durchsetzungsvermögen gefordert ist, wenn die Realität akzeptiert werden muss.
Die Krankheitsdispositionen Neuralgien, Fußerkrankungen, psychische Leiden, Allergien, schwaches Immunsystem, Suchtkerkrankungen

Lösungsmöglichkeiten

Es gilt zu lernen, sich genügend Zeit zu nehmen, um sich mit Menschen anzufreunden, um für das eigene körperliche und seelische Wohlbefinden zu sorgen und sich vor zu vielen Umweltreizen zu schützen, klare, deutliche Grenzen ziehen.
Um aufzutanken benötigt das dem Element Wasser zugehörende Zeichen Fische emotionalen Austausch mit anderen, gefühlsbetonten Menschen und deren Anteilnahme und Zuneigung.
Ab und zu müssen sie ganz einfach nur »abtauchen«, am Wasser spazieren gehen, schwimmen und meditieren, Musik hören oder sich mit feinen Düften umgeben.

Fische-Jungfrau-Thema

Fische und Jungfrau stehen sich im Tierkreis und im Jahreszyklus gegenüber.

Zur Entwicklung der Persönlichkeit ist es notwendig, das gegenüberliegende Zeichen – Oppositionszeichen genannt – zu integrieren, das heißt, die Mitte, die Balance zwischen beiden Polen zu finden. Würden wir einseitig und ausschließlich unsere Sonnenseite ausleben, so würden wir eine wesentliche Seite vernachlässigen und gezwungen sein, den fehlenden Teil zu projizieren. Das Fische-Jungfrau-Thema ist ein Konflikt zwischen Hingabe, Grenzenlosigkeit, Intuition und Nüchternheit, Routine, Vorsicht.

Die Lösung für das Zeichen Fische in diesem Konflikt liegt in der Integration von Realitätssinn, gesundem Misstrauen und Menschenverstand; in dem Streben nach innerem Halt und Ruhe; in der Überwindung der Angst vor den Herausforderungen des Alltags; in der Bereitschaft, klare Grenzen zu ziehen und in der Einsicht, die Realität anzuerkennen und äußere Lebensumstände zu akzeptieren.

Der Aszendent

Das Zeichen, welches zum Zeitpunkt der Geburt im Osten aufsteigt, wird Aszendent genannt und ist zugleich der Beginn des 1. Hauses.
Infolge der scheinbaren Drehung der Ekliptik um die Erde während den 24 Stunden eines Tages ergibt sich, dass alle zwei Stunden ein neues Tierkreiszeichen am Osthorizont aufsteigt und somit das Aszendentenzeichen ca. alle zwei Stunden wechselt. Um welches Zeichen es sich dabei handelt, wird durch die genaue Uhrzeit und durch den Geburtsort eines Menschen bestimmt. Das Zeichen des Aszendenten kann sich also rein rechnerisch – je nach Geburtszeit und Geburtsort – in jedem der zwölf Tierkreiszeichen befinden.

Sternzeichen und Aszendent

Charakteristische Merkmale eines Sternzeichens, also des Zeichens, in dem die Sonne steht, können relativ leicht an einer Person ausfindig gemacht werden. Häufig hört man: »Ja, das ist ein ganz typischer Stier« oder »So selbstbewusst kann doch nur ein Löwe sein« u. Ä.. Die Eigenschaften des Aszendenten hingegen sind auf den ersten Blick nicht so offensichtlich. Der Aszendent ist mit der empfindlichste Punkt im Horoskop und repräsentiert die Grundstimmung einer Person, wie er auf die Welt zugeht und sich ihr öffnet. Er beschreibt die erste spontane Reaktion in der Begegnung mit Menschen und Dingen.

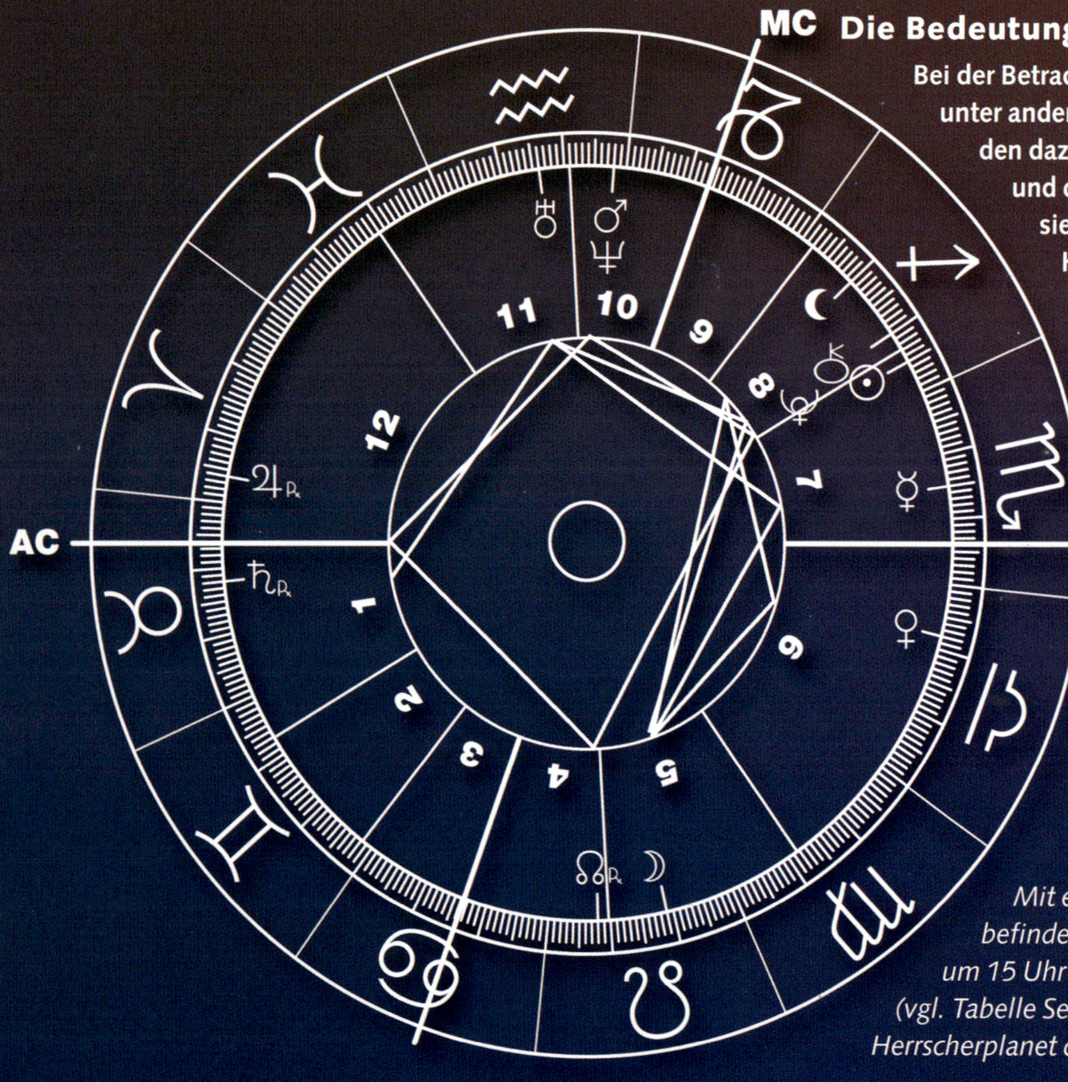

Die Bedeutung des Herrscherplanets

Bei der Betrachtung des Aszendenten ist es unter anderem wichtig und notwendig, den dazugehörigen Herrscherplaneten und dessen Hausposition zu analysieren. Die Position (Zeichen und Haus) des Aszendentenherrschers zeigt, wo und auf welche Art und Weise diese Energie am besten zum Ausdruck kommen kann. Auch haben Planeten, die sich in der Nähe des Aszendenten befinden, Planeten im 1. Haus sowie Aspekte zum Aszendenten, einen starken Einfluss auf die Qualität und die Aussage des Aszendentenzeichens.

Mit einer Sonne Anfang Schütze befindet sich bei einer Geburtszeit um 15 Uhr der Aszendent im Stier (vgl. Tabelle Seite 58 / 59). Die Venus als Herrscherplanet des Stiers steht im 6. Haus.

Aszendent Widder
Das Lebensgrundgefühl mit einem Widderaszendenten ist unbekümmert, unkompliziert und kreativ. Unbefangen gehen sie offen auf andere Menschen und Dinge zu. Sie sind in der Lage, mutig für ihre eigenen Wünsche und Bedürfnisse einzustehen und diese letztlich auch durchzusetzen.

Aszendent Stier
Das Lebensgrundgefühl mit einem Stieraszendenten ist ruhig und gelassen. Neben emotionaler schätzen sie die materielle Sicherheit und alle anderen Dinge in ihrem Leben, die sich nicht verändern, auf die sie sich verlassen und vertrauen können. Sie benötigen ausreichend Zeit und Muße, Eindrücke aufzunehmen. Dann erst können sie diese gründlich und behutsam verarbeiten.

Aszendent Zwillinge
Das Lebensgrundgefühl mit einem Zwillingsaszendenten ist neugierig und aufgeschlossen. Immer auf der Suche nach Anregung und Austausch mit anderen, wollen sie sich nicht festlegen, sondern geistig frei und ungebunden sein. Wenn notwendig werden die Dinge angezweifelt, relativiert und kritisiert.

Aszendent Krebs
Das Lebensgrundgefühl mit einem Krebsaszendenten ist feinfühlig und sensibel. Sie lassen sich von ihren Emotionen leiten, reagieren instinktiv und handeln gefühlsbetont. Hinter einem manchmal äußerlich beherrschten Gesicht verbirgt sich immer ein romantisches, empfindsames Wesen.

Aszendent Löwe
Das Lebensgrundgefühl mit einem Löweaszendenten ist optimistisch und leidenschaftlich. Mit einem gesunden Selbstwertgefühl ausgestattet, empfinden sie sich als unumstrittenen Mittelpunkt ihrer Umgebung. Ihrer Kraft und Lebensfreude möchten sie schöpferischen Ausdruck verleihen.

Aszendent Jungfrau
Das Lebensgrundgefühl mit einem Jungfrauaszendenten ist vernünftig, vorsichtig und feinfühlig. Sie haben intuitiv einen klaren, kritischen, analytischen Blick für ihre Umwelt. Es ist notwendig, die Dinge um sich herum zu beobachten und zu ordnen, um sie zu verstehen.

Aszendent Waage
Das Lebensgrundgefühl mit einem Waageaszendenten ist aufgeschlossen, freundlich und besonnen. Sie sind liebevoll, friedlich und brauchen den Kontakt und den Austausch mit anderen Menschen. Instinktiv suchen sie nach verbindenden Gemeinsamkeiten. Sie sind bestrebt, eine ausgleichende Balance in ihrer Umgebung zu schaffen.

Aszendent Skorpion
Das Lebensgrundgefühl mit einem Skorpionaszendenten ist intensiv und leidenschaftlich. Um eine bestimmte Idee zu verwirklichen, werden alle verfügbaren Willenskräfte eingesetzt. Sie besitzen die Fähigkeit, instinktiv die Schwachstellen, verborgene Seiten und Verhaltensweisen anderer Menschen zu erfassen.

Aszendent Schütze
Das Lebensgrundgefühl mit einem Schützeaszendenten ist idealistisch und enthusiastisch. Mit einem Gefühl der Ungebundenheit, inneren Kraft und mit Glauben ist der Blick auf Neues, Zukünftiges gerichtet – dorthin, wo Hoffnungen und Zielen keine Grenzen gesetzt werden.

Aszendent Steinbock
Das Lebensgrundgefühl mit einem Steinbockaszendenten ist diszipliniert und pflichtbewusst. Mit klaren Richtlinien, Verhaltensregeln und Ritualen wird ein Orientierungsrahmen geschaffen, an den sie sich halten können. Die äußere Ordnung sorgt für innere Sicherheit, um Schwierigkeiten und Hindernisse zu überwinden.

Aszendent Wassermann
Das Lebensgrundgefühl mit einem Wassermannaszendenten ist unkonventionell und eigenwillig. Stets aufgeschlossen für alles Neue haben sie eine offene, freundschaftliche, tolerante und verständnisvolle Art, auf die Welt zuzugehen und sich trotzdem selbst treu zu bleiben. Sie können bisweilen überlegen und unpersönlich wirken.

Aszendent Fische
Das Lebensgrundgefühl mit einem Fischeaszendenten ist sensibel und einfühlsam. Ihre Veranlagung ist ein seismographisches Erspüren äußerer Eindrücke und schlafwandlerische Instinktsicherheit. Sie fühlen sich wohl in der Welt der Träume und drücken ihre Phantasie und Kraft kreativ aus.

Aszendent Widder

Herrscherplanet Mars
Die Energie des Planeten Mars steht für Veränderung und Unternehmungslust, für Mut, Offenheit, Durchsetzungskraft und Willensstärke.

Der Mars in den 12 Häusern

Im 1. Haus energisch, mit dem Mut, etwas zu riskieren und dem Bedürfnis, eigene Interessen und die eigene Person durchzusetzen.
Im 2. Haus beharrlich und kraftvoll, mit dem Anspruch, für seine Stabilität zu sorgen und durchaus bereit, sich materiell und finanziell abzusichern und für die eigenen Bedürfnisse zu kämpfen.
Im 3. Haus geschickt, mit der Fähigkeit klug und clever zu handeln, sowie sich flexibel und geistreich darzustellen.
Im 4. Haus unruhig, mit dem Bedürfnis sich innerlich selbstständig und unabhängig zu machen; Launen und wechselnde Stimmungen sowie eine ausgeprägte Oppositionshaltung können die Willenskraft beeinflussen.
Im 5. Haus mit entschlossenem, selbstbewusstem, leidenschaftlichem Handeln, mit spontaner Lustbefriedigung und intensiver Kreativität, Erotik sowie Sexualität.
Im 6. Haus praktisch und verantwortungsvoll, mit großer Tatkraft, ganzem Einsatz und ungebrochener Ausdauer.
Im 7. Haus offen, fair und dennoch konfliktbereit in der Auseinandersetzung mit dem Gegenüber.
Im 8. Haus konsequent und überzeugt; mit Durchsetzungskraft, muss stets eigene Grenzen und Tiefen austesten und ausloten.
Im 9. Haus engagiert, mit positivem Einsatz für soziale, religiöse und moralische Themen.
Im 10. Haus ehrgeizig, mit konzentrierter Energie, Zähigkeit und Disziplin werden bestimmte Ziele und Aufgaben angegangen.
Im 11. Haus intelligent und unkonventionell, kämpft für emanzipatorische Ideen, überpersönliche Ziele und Projekte.
Im 12. Haus intuitiv, handelt und behauptet sich mit übermäßiger Sensibilität und schwankendem Selbstvertrauen.

Aszendent Stier

Herrscherplanet Venus
Die Energie des Planeten Venus steht für Bedürfnis und die Erfahrung von Liebe, Zuneigung, Glück, Zufriedenheit, Sinnlichkeit und Schönheit.

Die Venus in den 12 Häusern

Im 1. Haus weiblich, anmutig, mit einer erotischen Ausstrahlung; kann sich gut für die eigenen Bedürfnisse einsetzen.
Im 2. Haus sinnlich, mit einem guten Körpergefühl und praktischer Veranlagung, Freude am Besitz, an der Erotik.
Im 3. Haus gewandt, fähig, sich liebenswürdig und sympathisch in Szene zu setzen, vermag sich gut auszudrücken, knüpft leicht und gerne vielfältige Kontakte.
Im 4. Haus verträumt; braucht eine angenehme häusliche Atmosphäre sowie das Gefühl von Liebe und Geborgenheit, um sich wohlzufühlen.
Im 5. Haus warmherzig, mit Freude und Lust am Leben, an der Liebe, der Kunst, an der Schönheit schlechthin; liebt kreative und schöpferische Tätigkeiten; will etwas Eigenes schaffen.
Im 6. Haus zuverlässig und treu; der Wunsch nach Harmonie und guter Teamarbeit im Arbeitsleben beeinflusst positiv die Fähigkeit, konstruktiv und effektiv zu arbeiten.
Im 7. Haus liebevoll; sucht die Erfüllung und das Glück harmonischer, zwischenmenschlicher Beziehungen, bei denen man sich ausruhen kann.
Im 8. Haus leidenschaftlich; muss tiefe Erfahrungen, intensive Emotionen und Liebe in Verbindungen und Partnerschaften erleben.
Im 9. Haus idealistisch; Vertrauen und Optimismus sind die Eigenschaften, die in der Liebe und in Begegnungen zum Tragen kommen.
Im 10. Haus beständig, zuverlässig und treu; möchte die eigene Begabung künstlerisch umsetzen und in der Öffentlichkeit ausdrücken.
Im 11. Haus unkonventionell, besonders; möchte das Prinzip der Gleichheit und Freiheit in allen Verbindungen verwirklichen.
Im 12. Haus idealistisch und romantisch; tendiert zu unwirklichen Beziehungen und ist von zarten, mystischen, grenzenlosen Gefühlen durchdrungen.

Aszendent Zwillinge

Herrscherplanet Merkur
Die Energie des Planeten Merkur steht für Vielseitigkeit, geistiger Wendigkeit und Geschicklichkeit.

Der Merkur in den 12 Häusern

Im 1. Haus entschlussfreudig und in der Lage, taktisch kluge, überlegte Entscheidungen zu treffen; quecksilbrig.
Im 2. Haus pragmatisch mit folgerichtigem, ordnendem Denken; Erfolg als »Händler« mit materieller Einstellung und cleverer Geschäftstaktik.
Im 3. Haus kontaktfreudig; vielseitig und wandelbar im Denken, in der Sprache und in der Art sich darzustellen; provokant und schlagfertig, hat Verwandlungsgeschick und Vermittlerkunst.
Im 4. Haus emotional beeindruckbar, versteht Unausgesprochenes instinktiv; kann gut Zusammenhänge zwischen Emotionen und dem Bereich des Intellekts herstellen.
Im 5. Haus schöpferisch, voller Ausdruckskraft; kindliche Unbefangenheit, Experimentierfreude und Aufbruchstimmung.
Im 6. Haus analytisch und klug; Zusammenhänge werden schnell erfasst; Gesinnung und Einstellung können sich mühelos anpassen, rasch wechseln; verzettelt sich leicht, wenn es ins Detail geht.
Im 7. Haus vielseitig; versteht es, die Dinge immer wieder von einer anderen Seite aus zu betrachten; braucht geistige Partnerschaften auf allen Gebieten.
Im 8. Haus intuitiv; pendelt zwischen Instinkt und intensivem, gründlichem Forschen nach Hintergründigem, Verborgenem, Geheimnisvollen; Vermittlerfunktion zwischen Bewusstem und Unbewusstem.
Im 9. Haus neugierig; Hinterfragen von Werten, Überzeugungen und dem Sinn des Lebens; symbolisches Denken.
Im 10. Haus kontaktfreudig und mitteilsam; will geistige Wendigkeit und Überzeugungskraft beruflich einsetzen, steht gerne im Rampenlicht.
Im 11. Haus sprunghaft, unkonventionell und erfinderisch; will Neues ausprobieren, Ideen miteinander verknüpfen, zu ganzheitlichem Verständnis kommen.
Im 12. Haus geschickt; entwickelt eine eigene Sicht von der Wirklichkeit; wechselnde Standpunkte, lässt sich nicht festlegen, entzieht sich leicht.

Aszendent Krebs

Herrscherplanet Mond
Die Energie des Planeten Mond steht für seelische, emotionale Erfüllung und Geborgenheit sowie für Nähe und Wärme.

Der Mond in den 12 Häusern

Im 1. Haus anpassungsbereit; reagiert emotional und intuitiv statt bewusst und überlegt; fühlt sich wohl bei einer Vielzahl von Erfahrungsmöglichkeiten.
Im 2. Haus vorsichtig; ein stabiler finanzieller Hintergrund und die Möglichkeit, eigene Talente und Fähigkeiten zu entwickeln, fördert emotionale Sicherheit.
Im 3. Haus neugierig; mit einem ausgeprägten Mitteilungsbedürfnis; ist begeistert, wenn die Umwelt an den eigenen Gefühlen und Stimmungen Anteil nimmt.
Im 4. Haus häuslich und anhänglich, mit einem Bedürfnis nach vertrauter Umgebung, Intimität, Schutz und Geborgenheit; andererseits auch rastlos.
Im 5. Haus schöpferisch; braucht zum Wohlbefinden Situationen, in denen Emotionen instinktiv, spielerisch, offen und kreativ zum Ausdruck gebracht werden.
Im 6. Haus emsig, anpassungsfähig; braucht zuverlässige äußere Bedingungen für die innere Sicherheit; macht sich gern nützlich und ist immer beschäftigt.
Im 7. Haus Du-bezogen; findet zum inneren Gleichgewicht durch Kontakt und Verbundenheit mit anderen; will sich einem Partner oder einer Sache ganz hingeben.
Im 8. Haus gefühlsstark; muss sich immer wieder mit den Tiefen der Seele auseinander setzen, sich in die Bereiche der Phantasie, der Ahnungen begeben und sich darin versenken, um daraus Kraft zu schöpfen.
Im 9. Haus idealistisch; emotionale Erfüllung resultiert aus einer optimistischen, positiven Lebenseinstellung, aus starken, inneren Überzeugungen.
Im 10. Haus zuverlässig; hat das Bedürfnis, sich mit seinem Beruf und Konventionen zu identifizieren; fühlt sich sicher im Umgang mit anderen Menschen.
Im 11. Haus gesellig; braucht emotionale und seelische Geborgenheit in Freundschaften; fühlt sich in Gruppen mit gemeinsamen Aktivitäten bestätigt.
Im 12. Haus sensibel; Abgeschiedenheit und Stille sind notwendig, um zu den eigenen Gefühlen zu finden, um spirituelle Erfahrungen zu machen, um sich im Einklang mit der Welt zu fühlen.

Aszendent Löwe

Herrscherplanet Sonne
Die Energie des Planeten Sonne steht für das zentrale Anliegen, die Persönlichkeit zu entfalten.

Die Sonne in den 12 Häusern

Im 1. Haus selbstbewusst; das Interesse gilt der Entwicklung der individuellen Persönlichkeit; will aktiv, initiativ und entschlossen seinen Weg gehen.
Im 2. Haus tatkräftig; fühlt sich frei und unabhängig, wenn individuelle Begabungen ausgeschöpft werden können; erlebt eigene Stärke bei materieller Absicherung.
Im 3. Haus vielseitig und flexibel; besitzt eine ausgezeichnete Beobachtungsgabe; Selbstverwirklichung geschieht über Kommunikation und Interaktion.
Im 4. Haus einfühlsam; die Aufmerksamkeit ist auf das innere Gespür, auf die Bilder der Seele, auf Phantasien und Träume gerichtet.
Im 5. Haus souverän; die Verwirklichung des eigenen Wesens geschieht über die Entwicklung schöpferischer Ausdrucksmöglichkeiten und durch selbstständiges Handeln; will lieben und geliebt werden.
Im 6. Haus vorsichtig; große Schaffenskraft, Organisationstalent und fähig, Systeme zu entwickeln; strebt harmonisches Verhältnis zwischen Individualität und Umweltbeschränkungen an.
Im 7. Haus offen, voller Ideen; die eigene Energie, Intension und Individualität richtet sich auf die Begegnung, den Kontakt und Austausch mit anderen Menschen.
Im 8. Haus konsequent; die Selbstverwirklichung geht über die Entwicklung und Beobachtung des Unbewussten; intensive zwischenmenschliche Beziehungen können tief greifende Wandlungen bewirken.
Im 9. Haus weltoffen; Entfaltung und Wachstum gelingen mit der Suche nach dem Sinn des Lebens, nach höheren Idealen und der eigenen Identität.
Im 10. Haus verantwortungsvoll; will eigene Ziele verwirklichen und sucht gesellschaftliche Anerkennung und Autorität durch besondere Leistungen im Beruf.
Im 11. Haus zukunftsorientiert; will einer kulturellen und sozialen Gruppe angehören; engagiert sich gerne für humanitäre bzw. gesellschaftliche Belange.
Im 12. Haus zurückgezogen; Entwicklung des eigenen Wesens geschieht über den Zugang zum Grenzenlosen, Unfassbaren und Geheimnisvollen.

Aszendent Jungfrau

Herrscherplanet Merkur
Die Energie des Planeten Merkur steht für Struktur, um analytisch und methodisch vorgehen zu können.

Der Merkur in den 12 Häusern

Im 1. Haus klug und vernünftig; mit eigenständiger Urteils- und Entscheidungskraft.
Im 2. Haus praktisch, systematisch und ökonomisch; mit zweckmäßig ausgerichtetem Denken; besitzt Geschick im Umgang mit Geld und ist geschäftstüchtig.
Im 3. Haus klar, mit ordnendem Verstand; in der Lage, rational zu argumentieren; hat praktische und technische Fertigkeiten und gute Eingebungen.
Im 4. Haus analytisch und verständnisvoll, mit Zugang zum Unbewussten, zu Symbolen und Bildern der Seele.
Im 5. Haus schöpferisch und innovativ; versteht es, Ideen geschickt aufzugreifen; findet immer einen Ausweg oder eine passende Alternative.
Im 6. Haus methodisch mit analytischer und systematischer Vorgehensweise; verbindet mit Klugheit die Fähigkeit, Dinge zu beobachten, aufzugreifen und zu verarbeiten.
Im 7. Haus emanzipiert und vernunftbetont; braucht klare Aus- und Absprachen.
Im 8. Haus intensiv; Auseinandersetzung mit den Lebensgeheimnissen, mit Lebenshintergründigem und mit dem Tod; auf der Suche nach innerer Führung und innerer Wegbegleitung.
Im 9. Haus gründlich und offen; braucht Gleichnisse, um nach genauer Analyse zu klugen und wertfreien Einstellungen zu kommen; bildhaftes Denken.
Im 10. Haus talentiert; auf Erfolg ausgerichtetes Denken; Ziel ist es, nach kritischer Überprüfung der Dinge die Kräfte für die praktisch-methodische Verwirklichung einzusetzen.
Im 11. Haus intellektuell; mit einem ausgeprägten Bedürfnis nach geistiger Anregung; findet mit Geschick kluge Lösungen zu übergeordneten gesellschaftlichen Problemen.
Im 12. Haus stark und phantasievoll; hat die Fähigkeit, Bewusstes und Unbewusstes miteinander zu verbinden und produktiv damit umzugehen; weniger Logik, mehr Intuition.

Aszendent Waage

Herrscherplanet Venus
Die Energie des Planeten Venus steht für Begegnung, Austausch, Harmonie, Schönheit und Kunst.

Die Venus in den 12 Häusern

Im 1. Haus spontan und unbefangen; mit der charmanten Begabung, Liebe und Zuneigung auszudrücken; positives Selbstwertgefühl.
Im 2. Haus natürlich; ist glücklich und zufrieden, wenn die sinnlichen und materiellen Bedürfnisse gestillt oder befriedigt werden.
Im 3. Haus charmant; fühlt sich angenommen und bestätigt durch viele Kontakte, durch intellektuellen, künstlerischen Austausch und durch die Fähigkeit der Selbstdarstellung.
Im 4. Haus liebevoll und hilfsbereit; erlangt Zuneigung durch Einfühlungsvermögen und Warmherzigkeit; erfüllte Beziehungen stärken die Selbstsicherheit.
Im 5. Haus großzügig; ist mit dem ganzen Herzen und mit aller Liebe bei einer Sache; die Aufmerksamkeit und Zuneigung anderer ist notwendig, um sich glücklich und angenommen zu fühlen.
Im 6. Haus kompromissbereit; findet durch sinnvolle, praktische Tätigkeiten zu innerer Erfüllung und Zufriedenheit.
Im 7. Haus friedlich; empfindet tiefste Glücksgefühle in einer liebevollen Beziehung oder Partnerschaft, die geprägt ist von gegenseitigem Vertrauen, Fairness und Harmonie.
Im 8. Haus verführerisch; das Bedürfnis nach Nähe wird durch intensive, leidenschaftliche zwischenmenschliche Begegnungen ausgekostet.
Im 9. Haus tolerant und aufrichtig; Gefühle der Zuneigung und Verbundenheit werden auf positive, wohlwollende Art und Weise zum Ausdruck gebracht.
Im 10. Haus zuverlässig und verantwortungsvoll; fühlt sich innerlich bestätigt und zufrieden durch gesellschaftliche und berufliche Anerkennung.
Im 11. Haus zuvorkommend; sucht sein Glück und seine Zufriedenheit in vielen verschiedenen Begegnungen, Kontakten und Freundschaften.
Im 12. Haus hingabefähig und idealistisch; empfindet und erlebt die Erfahrung von Liebe und emotionaler Zuneigung selbstlos und feinfühlig.

Aszendent Skorpion

Herrscherplaneten Pluto und Mars
Die Energie des Planeten Pluto steht für Intensität, Ausdauer, Entschlossenheit und Macht und tief greifende Wandlung zugunsten neuer Lebensformen.

Der Pluto in den 12 Häusern

Im 1. Haus unbeirrbar und selbstbestimmt; bewusste Willenskraft wird für das Durchsetzen eigener Vorstellungen und Interessen eingesetzt.
Im 2. Haus bestimmt; will und muss sich klar und eindeutig einbringen können; hat das Bedürfnis nach innerem und äußerem Reichtum, Einfluss und Macht.
Im 3. Haus überzeugend, mit eindringlicher und mächtiger Darstellungs- und Ausdruckskraft; besitzt große, intellektuelle Fähigkeiten; muss hinterfragen.
Im 4. Haus heftig und emotional; seine starken, seelischen Empfindungen verbinden sich mit psychischer Wandlungs- und Erneuerungsfähigkeit.
Im 5. Haus mächtig; will mit ungeheurer Kraft und einem Willen, der unüberwindbar scheint, sich selbst bezwingen, sich verändern, sich weiterentwickeln; weiß genau, was er will und kann es auch umsetzen.
Im 6. Haus schonungslos; hat das große Bedürfnis, durch hoch konzentriertes Arbeiten, durch Einsatz und Leistung zu tief greifenden, persönlichen Erfahrungen und Wandlungen zu gelangen.
Im 7. Haus leidenschaftlich; Entwicklung ist über wichtige Erfahrungen in schicksalhaften Beziehungen möglich; perfektionistischer Anspruch an andere.
Im 8. Haus willensstark und ernsthaft; setzt sich auf psychischer Ebene mit dem eigenen Machtanspruch, mit der eigenen intensiven Wunschwelt sowie mit gewaltigen, leidenschaftlichen Gefühlen auseinander.
Im 9. Haus tiefgründig; besitzt eine außergewöhnliche Überzeugungskraft und hat das starke Bedürfnis, seine Vorstellungen und Meinungen durchzusetzen.
Im 10. Haus einflussreich; will durch Ehrgeiz, Kraft und Ausdauer, Macht und Einfluss gewinnen.
Im 11. Haus reformatorisch; möchte bisher anerkannte Werte und Strukturen sprengen, um für neue Perspektiven und Einstellungen Platz zu machen.
Im 12. Haus tief greifend; sucht die Konfrontation in der Begegnung mit dem Unbewussten; tiefe Einsichten in die Mächte des Unbekannten sind möglich.

Aszendent Schütze

Herrscherplanet Jupiter
Die Energie des Planeten Jupiter steht für Vertrauen, Glück, Sinnerfüllung und Erkenntnis.

Der Jupiter in den 12 Häusern

Im 1. Haus tolerant und fair; voller Selbstvertrauen und Zuversicht in die eigene Kraft und in die eigene Person; sucht Erfüllung durch verantwortliches Handeln.
Im 2. Haus gesellig; mit einem guten Gespür und Vertrauen in die eigenen Fähigkeiten; Sinn für finanzielle und materielle Interessen.
Im 3. Haus beliebt und entgegenkommend; besitzt die Fähigkeit, sich selbst überzeugend, vorteilhaft und wirkungsvoll darzustellen.
Im 4. Haus verständnisvoll und gütig; mit großem seelischen Reichtum und einem starken Einfühlungsvermögen.
Im 5. Haus lebensbejahend und großzügig; die Begabung, sich und andere zu motivieren, zu inspirieren und Dinge voranzutreiben.
Im 6. Haus leistungsstark und hilfsbereit; erfolgreich und geschickt den Sinn und Zweck einer Sache miteinander verbinden.
Im 7. Haus idealistisch und großzügig; findet Erfüllung und Glück in aufrichtigen, kraftvollen Verbindungen und Begegnungen.
Im 8. Haus vertrauenswürdig; intuitive Einsicht in den Sinn des Lebens; besitzt auch in schwierigen Zeiten große Regenerationskraft und die Fähigkeit, Erfahrungen zu transformieren.
Im 9. Haus überzeugend und gerechtigkeitsliebend; erhält sich eine lebendige Sicht von der Welt, verfügt über große moralische Stärke und Einsichten; innere Gelassenheit und Sicherheit.
Im 10. Haus anspruchsvoll und erfolgreich; hat die Fähigkeit vorhandene Möglichkeiten auszuschöpfen und mit Zuversicht die Verwirklichung der Vorhaben anzugehen.
Im 11. Haus hoffnungsvoll und inspirativ; besitzt die Fähigkeit, vertrauensvoll und mit Weitblick an übergeordnete Ziele zu denken.
Im 12. Haus einfühlsam und sensibel; erhält Inspiration aus dem Unterbewusstsein und erlebt größte innere Harmonie.

Aszendent Steinbock

Herrscherplanet Saturn
Die Energie des Planeten Saturn steht für Hemmungen, Beschränkungen, die es zu überwinden gilt, und die Konzentration auf das Wesentliche, um zu klaren Strukturen, Disziplin und Selbstkontrolle zu gelangen.

Der Saturn in den 12 Häusern

Im 1. Haus verwundbar, skeptisch; um das Vertrauen in sich selbst zu finden, müssen Misstrauen und geringes Selbstvertrauen überwunden werden.
Im 2. Haus unsicher; auf der Suche nach realistischer Einstellung gegenüber allem, was mit Sicherheit zu tun hat; muss Vertrauen in die eigene Stabilität entwickeln.
Im 3. Haus misstrauisch; hat Schwierigkeiten, sich auszudrücken; diszipliniertes Denken und Konzentration auf das Wesentliche fördert logisches, folgerichtiges Handeln.
Im 4. Haus verletzbar, instabil; fühlt sich emotional unsicher; durch Überwindung des Gefühls der Zurückweisung findet man zu innerer Kraft und Geborgenheit.
Im 5. Haus unselbstständig und unzulänglich; ist blockiert in seiner Kreativität; lernt man, zu seinen Fehlern zu stehen, gelingt es, aus sich herauszugehen.
Im 6. Haus resigniert; klare Konzepte, nüchterne, pragmatische Arbeits- und Handlungsweisen zeigen den Weg zu innerem Gleichgewicht.
Im 7. Haus kontaktarm und zurückhaltend; in der Überwindung der Angst vor Nähe findet man zu tiefen, verantwortungsvollen und gefestigten Beziehungen.
Im 8. Haus unzufrieden; die Beschäftigung mit dem Tod und der Vergänglichkeit führen zu innerer Zufriedenheit und geben Halt und Kraft.
Im 9. Haus starr und zweifelnd; muss die vorgegebenen Strukturen hinterfragen und sich auf die Suche nach eigenem Weltbild machen.
Im 10. Haus unzulänglich; kann sich nur weiterentwickeln, wenn man innere Blockaden überwindet und Ziele mit Ausdauer und Pflichtbewusstsein anstrebt.
Im 11. Haus einsam; durch die konstruktive Auseinandersetzung mit allgemein gesellschaftlichen Themen wird das Gefühl der Einsamkeit überwunden.
Im 12. Haus hilflos; hat Angst vor einer Bedrohung, die unfassbar ist; durch Rückzug gelingt es, neue Kraft und inneres Vertrauen zu gewinnen.

Aszendent Wassermann

Herrscherplaneten Uranus und Saturn
Die Energie des Planeten Uranus steht für Freiheit und Ungebundenheit, für die Überwindung (Aufhebung) von Gegensätzen.

Der Uranus in den 12 Häusern

Im 1. Haus unruhig, muss ständig die Selbstständigkeit und Unabhängigkeit überprüfen; Rebellion gegenüber Beschränkungen; innere Aufbruchstimmung.
Im 2. Haus einfallsreich; der persönliche Freiheitsgedanke, das innere Wachstum und Wertgefühl sind eng verbunden mit einer finanziellen Unabhängigkeit.
Im 3. Haus sprunghaft und neugierig; muss sich immer wieder von der Routine und dem alltäglichen Trott befreien; will stets seine Einzigartigkeit und Originalität beweisen.
Im 4. Haus ungebunden; ist in der Lage, sich von den Einflüssen der Vergangenheit, von Familie und Tradition zu lösen; kritische Auseinandersetzung mit seiner Seele, möchte sich emotional selbstständig fühlen.
Im 5. Haus eigenwillig und unabhängig; will und muss sein Leben selbstständig gestalten, erprobt ständig neue Formen des Selbstausdrucks.
Im 6. Haus innovativ; sucht gerne neue Arbeits- und Wirkungskreise; Auflehnung gegen Anpassungszwänge; empfindet Verpflichtungen als bedrückend.
Im 7. Haus lebendig, unkonventionell; braucht Abwechslung und Anregung; dauerhafte Verbindungen sind möglich, solange das Gefühl der Freiheit besteht.
Im 8. Haus rebellisch, radikal; wird sich immer wieder gegenüber Machtausübung, extremer Erwartungshaltung, Abhängigkeit und Unterdrückung auflehnen.
Im 9. Haus fortschrittlich und impulsiv; ist als geistiger Gipfelstürmer in der Lage, zu überraschenden Erkenntnissen und großen Einsichten zu gelangen.
Im 10. Haus selbstständig; überprüft und hinterfragt immer wieder die eigenen Lebensziele, die Fragen von Macht, Autorität und Verantwortung.
Im 11. Haus engagiert und menschlich; hat Interesse an neuen Formen des Zusammenlebens, sozialen und humanitären Reformen.
Im 12. Haus offen und sensibel; will sich weder anpassen noch unterordnen; rebelliert und agiert geschickt im Hinter- oder Untergrund.

Aszendent Fische

Herrscherplaneten Neptun und Jupiter
Die Energie des Planeten Neptun steht für Anteilnahme, Inspiration und spirituelle Erfahrungen.

Der Neptun in den 12 Häusern

Im 1. Haus feinfühlig und anpassungsbereit; die Fähigkeit, sich in die Gefühle und Bedürfnisse anderer Menschen hineinzuversetzen, ihnen Ratgeber und »Heiler« zu sein.
Im 2. Haus großzügig; ein Helfer in der Not, der vorurteilsfrei und hilfreich anderen zur Seite steht; künstlerisch, mit dem Talent zur schöpferischen Gestaltung.
Im 3. Haus phantasievoll; die besondere Begabung, in Bildern zu denken und sich auf poetische Weise auszudrücken.
Im 4. Haus sensibel; intuitiver Zugang zur Innenwelt, zum Unbewussten, zu den eigenen Wurzeln, zu einem spirituellen Zuhause.
Im 5. Haus verführerisch und romantisch; große Liebe zur Kunst; besitzt die Fähigkeit zu schöpferischer Darstellungskraft.
Im 6. Haus empfindsam; mit einem feinen Gespür für die Bedürfnisse von Körper und Seele sowie für Alltagsprobleme.
Im 7. Haus idealistisch; kümmert sich gerne um die Belange der Mitmenschen; hohe verklärte, romantische Vorstellung von Beziehung.
Im 8. Haus medial; große Empfänglichkeit und Sensibilität gegenüber feinstofflicher Energie und Übersinnlichem.
Im 9. Haus spirituell; setzt sich mit dem verborgenen Sinn des Lebens auseinander; möchte Einsicht in die physischen, psychischen und geistigen Zusammenhänge des Lebens gewinnen.
Im 10. Haus künstlerisch; psychologische, religiöse und meditative Themen werden zur Lebensorientierung und zum Lebensziel.
Im 11. Haus aufopfernd; besitzt eine hohe Sensibilität für die Bedürfnisse der Gemeinschaft; knüpft seelische, geistige und spirituelle Verbindungen und Freundschaften.
Im 12. Haus intuitiv und visionär; größte Empfänglichkeit und Durchlässigkeit gegenüber Eingebungen aus dem Unbewussten.

Aszendententabelle

Geburtstag ▼(Dekade)	Geburtszeit ▶	0.00	0.30	1.00	1.30	2.00	2.30	3.00	3.30	4.00	4.30	5.00	5.30	6.00	6.30	7.00	7.30	8.00	8.30	9.00	9.30	10.00	10.30
Widder ♈	21. 3. – 30. 3.	♐	♐	♐	♐	♐	♑	♑	♑	♑	♒	♒	♓	♓	♈	♈	♉	♉	♊	♊	♊	♊	♋
	31. 3. – 9. 4.	♐	♐	♐	♑	♑	♑	♑	♒	♒	♓	♓	♈	♈	♉	♉	♉	♊	♊	♊	♋	♋	♋
	10. 4. – 20. 4.	♐	♐	♑	♑	♑	♑	♒	♒	♓	♓	♈	♈	♉	♉	♉	♊	♊	♊	♋	♋	♋	♋
Stier ♉	21. 4. – 30. 4.	♐	♑	♑	♑	♒	♒	♒	♓	♓	♈	♈	♉	♉	♊	♊	♊	♋	♋	♋	♋	♋	♌
	1. 5. – 10. 5.	♑	♑	♑	♒	♒	♒	♓	♈	♈	♉	♉	♉	♊	♊	♊	♋	♋	♋	♋	♋	♌	♌
	11. 5. – 20. 5.	♑	♑	♒	♒	♓	♓	♈	♈	♉	♉	♊	♊	♊	♊	♋	♋	♋	♋	♋	♌	♌	♌
Zwillinge ♊	21. 5. – 30. 5.	♒	♒	♒	♓	♓	♈	♈	♉	♉	♊	♊	♊	♋	♋	♋	♋	♋	♌	♌	♌	♌	♌
	31. 5. – 9. 6.	♒	♓	♓	♈	♈	♉	♉	♊	♊	♊	♊	♋	♋	♋	♋	♋	♌	♌	♌	♌	♌	♌
	10. 6. – 21. 6.	♓	♓	♈	♈	♉	♉	♊	♊	♊	♊	♋	♋	♋	♋	♋	♌	♌	♌	♌	♌	♍	♍
Krebs ♋	22. 6. – 1. 7.	♈	♈	♉	♉	♉	♊	♊	♊	♋	♋	♋	♋	♋	♌	♌	♌	♌	♌	♌	♍	♍	♍
	2. 7. – 11. 7.	♈	♉	♉	♊	♊	♊	♊	♋	♋	♋	♋	♋	♌	♌	♌	♌	♌	♍	♍	♍	♍	♍
	12. 7. – 22. 7.	♉	♉	♊	♊	♊	♊	♋	♋	♋	♋	♋	♌	♌	♌	♌	♌	♍	♍	♍	♍	♍	♍
Löwe ♌	23. 7. – 1. 8.	♉	♊	♊	♊	♋	♋	♋	♋	♋	♌	♌	♌	♌	♌	♌	♍	♍	♍	♍	♍	♎	♎
	2. 8. – 11. 8.	♊	♊	♊	♋	♋	♋	♋	♋	♌	♌	♌	♌	♌	♍	♍	♍	♍	♍	♍	♎	♎	♎
	12. 8. – 23. 8.	♊	♋	♋	♋	♋	♋	♌	♌	♌	♌	♌	♌	♍	♍	♍	♍	♍	♍	♎	♎	♎	♎
Jungfrau ♍	24. 8. – 1. 9.	♋	♋	♋	♋	♋	♌	♌	♌	♌	♌	♌	♍	♍	♍	♍	♍	♎	♎	♎	♎	♎	♎
	2. 9. – 12. 9.	♋	♋	♋	♋	♌	♌	♌	♌	♌	♍	♍	♍	♍	♍	♍	♎	♎	♎	♎	♎	♏	♏
	13. 9. – 23. 9.	♋	♋	♌	♌	♌	♌	♌	♌	♍	♍	♍	♍	♍	♎	♎	♎	♎	♎	♎	♏	♏	♏
Waage ♎	24. 9. – 2. 10.	♋	♌	♌	♌	♌	♌	♌	♍	♍	♍	♍	♍	♎	♎	♎	♎	♎	♎	♏	♏	♏	♏
	3. 10. – 12. 10.	♌	♌	♌	♌	♌	♍	♍	♍	♍	♍	♍	♎	♎	♎	♎	♎	♏	♏	♏	♏	♏	♏
	13. 10. – 23. 10.	♌	♌	♌	♌	♍	♍	♍	♍	♍	♍	♎	♎	♎	♎	♎	♏	♏	♏	♏	♏	♏	♐
Skorpion ♏	24. 10. – 1. 11.	♌	♌	♌	♍	♍	♍	♍	♍	♎	♎	♎	♎	♎	♎	♏	♏	♏	♏	♏	♐	♐	♐
	2. 11. – 1. 11.	♌	♍	♍	♍	♍	♍	♍	♎	♎	♎	♎	♎	♏	♏	♏	♏	♏	♏	♐	♐	♐	♐
	12. 11. – 22. 11.	♍	♍	♍	♍	♍	♍	♎	♎	♎	♎	♎	♏	♏	♏	♏	♏	♏	♐	♐	♐	♐	♐
Schütze ♐	23. 11. – 1. 12.	♍	♍	♍	♍	♎	♎	♎	♎	♎	♎	♏	♏	♏	♏	♏	♐	♐	♐	♐	♐	♑	♑
	2. 12. – 11. 12.	♍	♍	♍	♎	♎	♎	♎	♎	♎	♏	♏	♏	♏	♏	♐	♐	♐	♐	♐	♑	♑	♑
	12. 12. – 21. 12.	♍	♍	♎	♎	♎	♎	♎	♏	♏	♏	♏	♏	♏	♐	♐	♐	♐	♐	♑	♑	♑	♒
Steinbock ♑	22. 12. – 31. 12.	♎	♎	♎	♎	♎	♎	♏	♏	♏	♏	♏	♏	♐	♐	♐	♐	♐	♑	♑	♑	♒	♒
	1. 1. – 10. 1.	♎	♎	♎	♎	♎	♏	♏	♏	♏	♏	♐	♐	♐	♐	♐	♑	♑	♑	♑	♒	♒	♓
	11. 1. – 20. 1.	♎	♎	♎	♏	♏	♏	♏	♏	♏	♐	♐	♐	♐	♐	♑	♑	♑	♑	♒	♒	♓	♓
Wassermann ♒	21. 1. – 30. 1.	♎	♎	♏	♏	♏	♏	♏	♏	♐	♐	♐	♐	♐	♑	♑	♑	♒	♒	♒	♓	♓	♈
	31. 1. – 9. 2.	♎	♏	♏	♏	♏	♏	♐	♐	♐	♐	♐	♑	♑	♑	♑	♒	♒	♓	♓	♈	♈	♉
	10. 2. – 19. 2.	♏	♏	♏	♏	♏	♐	♐	♐	♐	♐	♑	♑	♑	♑	♒	♒	♓	♓	♈	♈	♉	♉
Fische ♓	20. 2. – 29. 2.	♏	♏	♏	♏	♐	♐	♐	♐	♐	♑	♑	♑	♑	♒	♒	♓	♓	♈	♈	♉	♉	♊
	1. 3. – 10. 3.	♏	♏	♏	♐	♐	♐	♐	♐	♑	♑	♑	♒	♒	♒	♓	♈	♈	♉	♉	♉	♊	♊
	11. 3. – 20. 3.	♏	♐	♐	♐	♐	♐	♑	♑	♑	♑	♒	♒	♓	♓	♈	♈	♉	♉	♊	♊	♊	♊

Geburtstag ▼(Dekade)	11.00	11.30	12.00	12.30	13.00	13.30	14.00	14.30	15.00	15.30	16.00	16.30	17.00	17.30	18.00	18.30	19.00	19.30	20.00	20.30	21.00	21.30	22.00	22.30	23.00	23.30
Widder ♈	♋	♋	♋	♋	♌	♌	♌	♌	♌	♍	♍	♍	♍	♍	♍	♎	♎	♎	♎	♎	♏	♏	♏	♏	♏	♏
	♋	♋	♌	♌	♌	♌	♌	♌	♍	♍	♍	♍	♍	♎	♎	♎	♎	♎	♏	♏	♏	♏	♏	♏	♐	♐
	♋	♌	♌	♌	♌	♌	♌	♍	♍	♍	♍	♍	♎	♎	♎	♎	♎	♎	♏	♏	♏	♏	♏	♐	♐	♐
Stier ♉	♌	♌	♌	♌	♌	♍	♍	♍	♍	♍	♍	♎	♎	♎	♎	♎	♏	♏	♏	♏	♏	♏	♐	♐	♐	♐
	♌	♌	♌	♌	♍	♍	♍	♍	♍	♎	♎	♎	♎	♎	♎	♏	♏	♏	♏	♏	♏	♐	♐	♐	♐	♐
	♌	♌	♍	♍	♍	♍	♍	♍	♎	♎	♎	♎	♎	♎	♏	♏	♏	♏	♏	♐	♐	♐	♐	♐	♑	♑
Zwillinge ♊	♌	♍	♍	♍	♍	♍	♍	♎	♎	♎	♎	♎	♏	♏	♏	♏	♏	♏	♐	♐	♐	♐	♐	♑	♑	♑
	♍	♍	♍	♍	♍	♎	♎	♎	♎	♎	♎	♏	♏	♏	♏	♏	♐	♐	♐	♐	♐	♑	♑	♑	♑	♒
	♍	♍	♍	♍	♎	♎	♎	♎	♎	♏	♏	♏	♏	♏	♏	♐	♐	♐	♐	♐	♑	♑	♑	♒	♒	♒
Krebs ♋	♍	♍	♎	♎	♎	♎	♎	♎	♏	♏	♏	♏	♏	♏	♐	♐	♐	♐	♐	♑	♑	♑	♒	♒	♓	♓
	♍	♎	♎	♎	♎	♎	♎	♏	♏	♏	♏	♏	♐	♐	♐	♐	♐	♑	♑	♑	♑	♒	♓	♓	♈	♈
	♎	♎	♎	♎	♎	♏	♏	♏	♏	♏	♏	♐	♐	♐	♐	♐	♑	♑	♑	♒	♒	♒	♓	♓	♈	♈
Löwe ♌	♎	♎	♎	♎	♏	♏	♏	♏	♏	♐	♐	♐	♐	♐	♑	♑	♑	♑	♒	♒	♓	♓	♈	♈	♉	♉
	♎	♎	♎	♏	♏	♏	♏	♏	♐	♐	♐	♐	♐	♑	♑	♑	♑	♒	♒	♓	♓	♈	♈	♉	♉	♊
	♎	♏	♏	♏	♏	♏	♏	♐	♐	♐	♐	♐	♑	♑	♑	♒	♒	♒	♓	♈	♈	♉	♉	♉	♊	♊
Jungfrau ♍	♏	♏	♏	♏	♏	♐	♐	♐	♐	♐	♑	♑	♑	♑	♒	♒	♓	♓	♈	♈	♉	♉	♊	♊	♊	♊
	♏	♏	♏	♏	♐	♐	♐	♐	♐	♑	♑	♑	♑	♒	♒	♓	♓	♈	♈	♉	♉	♊	♊	♊	♊	♋
	♏	♏	♏	♐	♐	♐	♐	♐	♑	♑	♑	♒	♒	♒	♓	♈	♈	♉	♉	♉	♊	♊	♊	♋	♋	♋
Waage ♎	♏	♐	♐	♐	♐	♐	♑	♑	♑	♑	♒	♒	♓	♓	♈	♈	♉	♉	♊	♊	♊	♊	♋	♋	♋	♋
	♐	♐	♐	♐	♐	♑	♑	♑	♑	♒	♒	♓	♓	♈	♈	♉	♉	♊	♊	♊	♊	♋	♋	♋	♋	♋
	♐	♐	♐	♐	♑	♑	♑	♒	♒	♒	♓	♈	♈	♉	♉	♉	♊	♊	♊	♋	♋	♋	♋	♋	♌	♌
Skorpion ♏	♐	♐	♑	♑	♑	♑	♒	♒	♓	♓	♈	♈	♉	♉	♊	♊	♊	♊	♋	♋	♋	♋	♋	♌	♌	♌
	♐	♑	♑	♑	♑	♒	♒	♓	♓	♈	♈	♉	♉	♊	♊	♊	♊	♋	♋	♋	♋	♋	♌	♌	♌	♌
	♑	♑	♑	♒	♒	♒	♓	♓	♈	♉	♉	♉	♊	♊	♊	♋	♋	♋	♋	♋	♌	♌	♌	♌	♌	♌
Schütze ♐	♑	♑	♒	♒	♓	♓	♈	♈	♉	♉	♊	♊	♊	♊	♋	♋	♋	♋	♋	♌	♌	♌	♌	♌	♌	♍
	♑	♒	♒	♓	♓	♈	♈	♉	♉	♊	♊	♊	♊	♋	♋	♋	♋	♋	♌	♌	♌	♌	♌	♍	♍	♍
	♒	♒	♓	♓	♈	♈	♉	♉	♊	♊	♊	♊	♋	♋	♋	♋	♋	♌	♌	♌	♌	♌	♍	♍	♍	♍
Steinbock ♑	♒	♓	♈	♈	♉	♉	♉	♊	♊	♊	♋	♋	♋	♋	♋	♌	♌	♌	♌	♌	♌	♍	♍	♍	♍	♍
	♓	♈	♈	♉	♉	♊	♊	♊	♊	♋	♋	♋	♋	♋	♌	♌	♌	♌	♌	♍	♍	♍	♍	♍	♍	♎
	♈	♈	♉	♉	♊	♊	♊	♊	♋	♋	♋	♋	♋	♌	♌	♌	♌	♌	♍	♍	♍	♍	♍	♍	♎	♎
Wassermann ♒	♉	♉	♉	♊	♊	♊	♋	♋	♋	♋	♋	♌	♌	♌	♌	♌	♌	♍	♍	♍	♍	♍	♍	♎	♎	♎
	♉	♊	♊	♊	♊	♋	♋	♋	♋	♋	♌	♌	♌	♌	♌	♌	♍	♍	♍	♍	♍	♎	♎	♎	♎	♎
	♊	♊	♊	♊	♋	♋	♋	♋	♋	♌	♌	♌	♌	♌	♍	♍	♍	♍	♍	♍	♎	♎	♎	♎	♎	♎
Fische ♓	♊	♊	♊	♋	♋	♋	♋	♋	♌	♌	♌	♌	♌	♍	♍	♍	♍	♍	♍	♎	♎	♎	♎	♎	♏	♏
	♊	♋	♋	♋	♋	♋	♌	♌	♌	♌	♌	♌	♍	♍	♍	♍	♍	♎	♎	♎	♎	♎	♎	♏	♏	♏
	♋	♋	♋	♋	♋	♌	♌	♌	♌	♌	♌	♍	♍	♍	♍	♍	♎	♎	♎	♎	♎	♎	♏	♏	♏	♏

Sonnenzeichentabelle

<Sonnenzeichen	Widder	Stier	Zwillinge	Krebs	Löwe	Jungfrau
Symbol	♈	♉	♊	♋	♌	♍
Herrscherplanet	Mars	Venus	Merkur	Mond	Sonne	Merkur
Symbol	♂	♀	☿	☽	☉	☿
Element	Feuer	Erde	Luft	Wasser	Feuer	Erde
Exil	♀	♂♆♇	♃	♄	♄	♃
Fall	♄	♅	☿	♂	☿	♀
Erhöhung	☉	☽	☿	♃♆	♇	☿
Temperament	cholerisch	melancho-lisch	sanguinisch	phlegma-tisch	cholerisch	melancho-lisch
Körperliche Entsprechung	Kopf	Hals, Nacken	Arme, Hände, Lunge	Magen, Brust	Herz	Verdauungs-apparat
Jahreszeit	Frühling	beständiger Frühling	veränderlicher Frühling	Sommer	Hoch-sommer	Sommer-ende
Berufe	Naturwissen-schaften, Sport, Technik	Kunst, Mode, Botanik	Sprachwissen-schaften, Handel	Ernährung, Medizin, Geschichte	Pädagogik, Unternehmer	Naturwissen-schaften, Technik
Farbe	Rot	Grün	Gelb	Silber	Orange	Sandfarben
Metall	Eisen	Kupfer	Quecksilber	Silber	Gold	Messing
Stein	Rubin	Smaragd	Topas	Mondst., Perle	Sonnenstein	Achat
Bachblüte	Impatiens	Goentian	Cerato	Clematis	Vervain	Centaury
Pflanzen	Löwenzahn, Brennnessel	Ringelblume, Linde	Huflattich, Haselnuss	Kamille, Kürbis	Johanniskraut, Sonnenblume	Wegwarte, Fenchel

Planetentabelle

Planeten	Sonne	Mond	Merkur	Venus	Mars
Symbol	☉	☽	☿	♀	♂
Herrscher/Domizil	Löwe	Krebs	Zwillinge + Jungfrau	Stier + Waage	Widder + Skorpion
Symbol	♌	♋	♊♍	♉♎	♈♏
Exil	♒	♑	♐♓	♈♏	♉♎
Erhöhung	♈	♉	♍	♓	♑
Fall	♎	♏	♓	♍	♋
Körperliche Entsprechung	Herz, Solarplexus	Magen, Gebär-mutter, Brüste	Atmungsorgane, Nervensystem	Nieren, Ge-schlechtsorgane	Blut, Ge-schlechtsorgane
Archetyp	Vater	Mutter	Händler	Liebende	Held
Farbe	Gelb, Gold	Grün	Gelb	Orange	Rot
Metall	Gold	Silber	Quecksilber	Kupfer	Eisen
Stein	Diamant	Opal, Perle	Zitrin, Topas	Smaragd, Koralle	Rubin
Umlaufzeit durch den gesamten Tierkreis	1 Jahr	27 Tage	87 Tage	225 Tage	687 Tage
Mythologische Entsprechung	Helios	Artemis	Hermes	Aphrodite	Ares

Waage	Skorpion	Schütze	Steinbock	Wassermann	Fische	**Sonnenzeichen**
♎	♏	♐	♑	♒	♓	**Symbol**
Venus	Mars + Pluto	Jupiter	Saturn	Saturn + Uranus	Jupiter + Neptun	**Herrscherplanet**
♀	♂♇	♃	♄	♄⛢	♃♆	**Symbol**
Luft	Wasser	Feuer	Erde	Luft	Wasser	**Elemente**
♂	♀	☿	☽	☉	☿	**Exil**
☉	☽	☿	♃♆	♇	☿	**Fall**
♄	⛢	☿	♂	☿	♀	**Erhöhung**
sanguinisch	phlegmatisch	cholerisch	melancholisch	sanguinisch	phlegmatisch	**Temperament**
Nieren, Blase	Unterleib	Hüfte, Lenden	Knochensystem	Unterschenkel, Kreislauf	Füße, Lymphsystem	**Körperliche Entsprechung**
Herbstanfang	Herbstmitte	Herbstende	Winteranfang	Wintermitte	Winterende	**Jahreszeit**
Kunst, Werbung	Therapeuten, Parapsychologie	Philosophie, Jura, Lehrberuf	Geografie, Politik	Astronomie, Wissenschaft, Freiberufe	Theologie, Kunst, Musik, Seelsorge	**Berufe**
Blau	Rot	Blau	Schwarz	Eisblau	Wasserblau	**Farbe**
Kupfer	Eisen	Zinn	Blei	Aluminium	Platin	**Metall**
Saphir	Granat	Lapislazuli	Onyx	Bernst., Türkis	Opal	**Stein**
Sclerantus	Chicory	Agrimony	Mimulus	Waterviolet	Rock Rose	**Bachblüte**
Scharfgarbe, Veilchen	Herbstzeitlose, Thuja	Walnuss, Jasmin	Palme, Tanne, Beinwell, Efeu	Holunder, Melisse	Wegerich, Trauerweide	**Pflanzen**

Jupiter	Saturn	Uranus	Neptun	Pluto	**Planeten**
♃	♄	⛢	♆	♇	**Symbol**
Schütze + Fische	Steinbock + Wassermann	Wassermann	Fische	Skorpion	**Herrscher/Domizil**
♐♓	♑♒	♒	♓	♏	**Symbol**
♊♍	♋♌	♌	♍	♉	**Exil**
♋	♎	♏	♋	♌	**Erhöhung**
♑	♈	♉	♑	♒	**Fall**
Leber, Zellwachstum	Knochengerüst	Nervensystem	Zirbeldrüse	Geschlechtsorgane	**Körperliche Entsprechung**
Hohepriester	alter Mann	Narr	Mystiker	Magier	**Archetyp**
Purpur	Schwarz	Eisblau	Grün	Rot	**Farbe**
Zinn	Blei	Aluminium	Platin	Eisen	**Metall**
Lapislazuli	Onyx	Türkis	Jade	Granat	**Stein**
12 Jahre	29 Jahre	84 Jahre	156 Jahre	248 Jahre	**Umlaufzeit durch den gesamten Tierkreis**
Jupiter, Zeus	Saturn, Chronos	Uranus	Neptun, Poseidon	Pluto, Hades	**Mythologische Entsprechung**

Aspekte

Aspekte nennt man bestimmte Winkelverhältnisse, die Planeten zueinander und mit den Achsenkreuzpunkten (AC, IC, DC,MC) bilden, einschließlich zu Sonne und Mond. Die wichtigsten werden in Haupt- und Nebenaspekte unterschieden. Bis zu welchem Grad Abweichungen möglich sind, steht in der Tabelle unter »Orbis«. Die Abweichungen können in beide Richtungen gehen: Bei einem Quadrat z.B. beträgt der Orbis bis zu 8°. Selbst dann spricht man noch von einem Quadrat.

Hauptaspekte	**Symbol**	**Winkel**	**Orbis**	**Bedeutung**
Konjunktion	☌	0°	8°	harmonisch oder disharmonisch; je nach Qualität der Planeten: Konzentration, Unterstützung, Aktivität, »geballte Kraft«, Kurzschluss, Einschränkung, Behinderung
Sextil	✶	60°	6°	Förderung, Ausgleich, Unterstützung, Anregung, schöpferische Produktion und Gestaltung
Quadrat	□	90°	8°	Konflikt, Hemmung, Widerstand, Spannung, Hindernis, Stillstand, Einschränkung, Anstrengung; positiv auch schöpferische Herausforderung, Kraft
Trigon	△	120°	8°	Förderung, Schöpfung, Gestaltung, Ergänzung, Entwicklung, Harmonie, Gelingen; negativ auch Bequemlichkeit, Passivität
Opposition	☍	180°	8°	Widerspruch, Widerstreit, Gegensatz, Konfrontation, Herausforderung, Spannung; positiv auch Ergänzung, Stärke, Ausgleich, Dynamik, Erkenntnis
Nebenaspekte				
Halbsextil	⚺	30°	2°	Harmonie, Schöpfung, Lösung, Ergänzung, Förderung
Halbquadrat	∟+∠	45°	2°	Anspannung, Reizung, Stimulierung
Eineinhalbquadrat	⚼	135°	2°	Blockade, Unruhe, Spannung, Hemmung, Anstrengung
Quincunx	⚻	150°	2°	Unzufriedenheit, Frustration, Herausforderung, Auseinandersetzung

Hauptaspekte *Die Stellung der Planeten dient lediglich der Darstellung der Aspekte.*

Nebenaspekte *Auch hier sind die Planeten zu Zwecken der Demonstration willkürlich verteilt.*

Transite

Transite (transitare lat. = vorübergehen) beschreiben ein astronomisches Ereignis, das am Himmel stattfindet. Während ein Horoskop eine Momentaufnahme der Planetenstände darstellt und somit als feste Struktur betrachtet wird, wandern die Planeten mit unterschiedlicher Geschwindigkeit auf ihren Bahnen weiter. Sie ziehen vom Standpunkt der Erde aus »vorüber« und bilden zu bestimmten Zeiten Aspekte zur Radixposition eines Planeten, wodurch der aspektierte Planet angeregt oder stimuliert wird.

Wozu dienen Transite?

Die Astrologie benutzt diese Transite als Prognosemethode, um Tendenzen, Veränderungen und Wachstumsphasen im Leben eines Menschen zu erkennen, der dadurch die Möglichkeit hat, darauf entsprechend zu reagieren.
Die aktuellen oder künftigen Transite eines Planeten (einschließlich Sonne und Mond) müssen dabei aus den Ephemeriden abgelesen bzw. errechnet werden.

Schnell und langsam laufende Planeten

Während durch die hohe Umlaufgeschwindigkeit von Sonne, Mond, Venus und Merkur der Einfluss dieser Planeten nur kurzfristig bemerkbar ist, fordern die Transite von Jupiter, Saturn, Uranus, Neptun und Pluto dazu auf, bestimmte Dinge zur Kenntnis zu nehmen, sie ins Bewusstsein zu bringen und zu verarbeiten. Die Transite von Saturn und Uranus z. B. sind von ganz besonderer Bedeutung für die Entwicklung eines Menschen. Saturn benötigt für einen Transitzyklus etwa 28 Jahre und Uranus benötigt ca. 84 Jahre, bis er wieder an die Stelle kommt, die er zum Zeitpunkt der Geburt innehatte. Beide Zyklen sind oft Wendepunkte im Leben, die mit Prüfungen, Perioden der Neuorientierung, Veränderungen der Zielrichtungen, der sozialen, religiösen Einstellungen verbunden sind. Die Wirkung der Transite wird jedoch bei den einzelnen Menschen unterschiedlich ausfallen, da die jeweiligen Umstände und das Bewusstseinsniveau in Betracht gezogen werden müssen.

Transitierende Planeten

Verschiedene Themenbereiche werden durch die Aspekte eines transitierenden Planeten zur Radixposition der Planeten und Achseneckpunkte angesprochen.

Sonne
Die Sonne im Transit beeinflusst die Vitalität, Dynamik, Willenskraft, Lebensfreude, Zielstrebigkeit, Kreativität und Handlungsfähigkeit.

Mond
Der Mond im Transit berührt das Gemüt, die Phantasie, Gefühle, Stimmungen, die Anpassungsfähigkeit und Träume.

Merkur
Der Merkur im Transit belebt das Denken, Sprechen, Lernen, Beobachten, Kommunizieren, das Analysieren und Differenzieren.

Venus
Die Venus im Transit stimuliert die Freundschaft, Beziehung, Harmonie, Liebe, Erotik, Partnerschaft, Schönheit und Kunst.

Mars
Der Mars im Transit aktiviert die Willensstärke, Durchsetzungsfähigkeit, Konfliktbereitschaft, Risikofreude, Sexualität und den Energieeinsatz.

Jupiter
Jupiter im Transit beeinflusst Selbstvertrauen, Erfolg, Glück, Hoffnung, Großzügigkeit und Entfaltung.

Saturn
Saturn im Transit unterstützt die Konzentration, Verantwortungsbereitschaft, Struktur, Ordnung, Beharrlichkeit, Eindeutigkeit und Realität.

Uranus
Uranus im Transit fördert die Selbstständigkeit, Freiheit, Veränderungen, Umbrüche, die Inspiration, Einsichten, Ideen und Erkenntnisse.

Neptun
Neptun im Transit berührt Empfänglichkeit, Einfühlung, Sensibilität, Sehnsucht, Bewusstseinserweiterung.

Pluto
Pluto im Transit fördert Wandlungsfähigkeit und Transformation, unterstützt die Regenerationskraft.

Widder
Fische
Stier
Zwillinge
Kreuz
Süde
Krebs
Löwe